2020

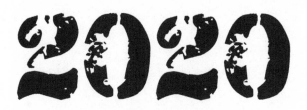

POEMAS
DE LA REALIDAD
A LA CONSPIRACIÓN

A LA CIENCIA-FICCIÓN

INFORMACIÓN VS DESINFORMACIÓN

RICARDO A. DOMÍNGUEZ

¡La verdad os hará libres!

2022

Publicado por Ibukku
www.ibukku.com
Diseño y maquetación: Índigo Estudio Gráfico
Diseño artístico de cubierta: Ricardo A. Domínguez
Fotografía de autor: Ricardo A. Domínguez
Copyright © 2020 Ricardo A. Domínguez
ISBN Paperback: 978-1-64086-804-5
ISBN eBook: 978-1-64086-805-2

Índice

DEDICATORIA

Dedico este libro a mi Dios,
quien me dio la inspiración,
y a todas las personas que,
de un modo u otro, se han
visto afectadas por los
acontecimientos violentos
y virulentos que nos han
afectado a todos por igual
durante este año 2020. Año
de encerramientos, de pérdidas,
de enmascaramientos, de
enfermedad, de disturbios
raciales, de disputas políticas.

Prólogo

Esta obra está basada en las experiencias vividas de personas —sus memorias, sus quejas, sus anécdotas y sus publicaciones electrónicas— que han sido bombardeadas constantemente por "fake news" y teorías de conspiraciones. Luego de una exhaustiva investigación, a través de los medios de comunicación, el social media y la televisión, he llegado a la conclusión de que todos estamos en el mismo bote. Todos estamos confrontando, con mucho esfuerzo y paciencia, una tétrica realidad que no podemos ocultar y que está afectando al mundo entero. Debemos procurar vivir en una sociedad donde mostremos la decencia, unos a los otros; donde la fantasía no se confunda con la realidad, donde la mentira no predomine sobre la verdad, donde la fealdad del racismo desaparezca de nuestro escenario diario. Ha habido mucha injusticia a través de la historia, eso no lo podemos tapar con nuestras manos, pero tenemos que dar cabida a un mundo donde todos seamos tratados con respeto, donde la desigualdad sea un tema de antaño; donde el periodismo sea una fuente de verdades y unidad, que no sea el creador de falsas realidades impuestas por aquellas personas autollamadas "periodistas", quienes tienen una agenda privada, tal vez, muy destructiva. Desgraciadamente, hoy en día no podemos verificar la veracidad de las cosas que leemos, las que escuchamos y las que vemos en la televisión.

Este libro no pretende ser un tratado lírico como tal. Podríamos decir que la mayor parte del libro es solamente prosa, líneas que quisieran llorar, aunque, a veces, quisiera tratarlo como un libro de prosa poética pero sé que no puedo. Los versos, si así quieren llamarles, líneas que solamente quieren informar, no poseen cadencia ni musicalidad; no pretendo crear belleza estética ni mantener un ritmo poético. No existe un "yo lírico" que le habla a un ser amado que ya no es parte de la realidad del escritor. El propósito de mi obra es la de expresar ideas, controversias, discusiones, conceptos y actitudes que nos lleven a reflexionar sobre lo que somos, adónde vamos y cuál es el propósito de nuestra existencia. A veces pienso que mi libro no es un libro apto para menores sino para luchadores que han sabido llevar el yugo de la vida sobre sus espaldas, ya casi desechas, resistiendo con firmeza los golpes que les ha dado el destino. He tomado prestados algunos vocablos pertenecientes al mundo de la tecnología y el trans humanismo para crear escenarios que nos transportan a tiempos — posibles, como imposibles— en un futuro cercano, repletos de crisis sociales y problemas existenciales. También, recurro a documentos auténticos, nombres históricos y textos Bíblicos con la idea de crear un poco de realismo en algunos de los poemas fantasiosos que he elaborado; los datos históricos provienen de indagaciones hechas en el Internet; a veces, creo nuevas palabras y utilizo traducciones literales del inglés. Vemos el uso del "spanglish" en varias ocasiones. Para datos en específico hago uso de "Wikipedia" bajo la cláusula de "Creative Commons Attribution-Share Alike 3.0 " {Atribución-Compartir Igual 3.0 No portada (CC BY-SA 3.0)}

He tenido que dividir el libro en seis categorías diferentes para poder mostrar, con más claridad, el mensaje exacto que quiero llevar al lector. Estas categorías son: Pandemia, Conspiración, Ciencia-Ficción, Política, Esperanza, y Otros.

En el texto encontraremos temas como: la vida, la muerte, el amor, la esperanza, el fatalismo, la política, la ciencia, la religión, el transhumanismo, la mentira, la historia, el racismo, la ciencia-ficción, la sociedad y la supervivencia, entre otros. También vemos un tono de constante crítica, a veces fatalista, a lo establecido, al porvenir, a la sociedad, a la aristocracia, a la corrupción gubernamental, al encubrimiento y a las conspiraciones. Aunque parezca ser una obra de cruda imaginación, se pretende presentar hechos históricos que han cambiado el curso de la historia humana, y que nos hagan reflexionar sobre el propósito de nuestras vidas en éste, nuestro único, planeta Tierra. Como sociedad, hemos sido testigos de calamidades horrendas; de holocaustos y genocidios mundiales. Utilizando la realidad con la fantasía, por medio de las teorías de conspiración y las "fake news", he tratado de crear escenarios ficticios que desconocemos, en el presente, como en el futuro, para dar un grito de alerta a la humanidad: no repitamos la historia llena de calamidades, de holocaustos y genocidios. Un tanto pesimista, la obra presenta la "crítica" como instrumento de concientización de la sociedad a un nivel planetario. Vemos la inconformidad y el disgusto contra las acciones humanas que no tienden al bien colectivo. Se arremete contra las prácticas dañinas de los gobernantes, de las elites aristocráticas, de los usureros que le roban el sudor a las clases trabajadoras, y de las diferentes clases sociales que solamente piensan en crear un escenario para lanzar una guerra racial, o un apocalipsis Bíblico en el planeta.

El año 2020, título del libro, ha sido un año de terribles privaciones y sufrimientos a niveles Bíblicos. Año en que nos invade un nuevo virus, creando una pandemia mundial, hiriéndonos a todos por igual, sepultándonos eternamente en las profundas aguas del olvido. Los teóricos de la conspiración, junto a los creadores de "fake news", nos hablan sobre el "engaño más grande de todos los tiempos", aquellos que niegan la existencia del Holocausto Nazi durante la Segunda Guerra Mundial. Todos estos meses del 2020 nos han agobiado la vida a un nivel casi apocalíptico: el encerramiento obligatorio, el uso de mascarillas, los toques de queda; todo esto nos indica que este caos no se trata de noticias fraudulentas. Estamos viviendo en un estado de alarma eterna, vivimos en una nueva normalidad a la que la sociedad no está acostumbrada. Decimos adiós a nuestros seres queridos: padres y madres, hermanos y hermanas, hijos e hijas, tíos y tías, abuelos y abuelas, estudiantes y amigos. Muchas veces no pensamos en las personas que arriesgan sus vidas todos los días; les llaman "los indispensables", las personas que trabajan en los asilos de ancianos, los doctores, las enfermeras, los campesinos indocumentados que colectan la cosecha en países ajenos para que todos nosotros podamos tener un plato de comida en la mesa todos los días; los farmacéuticos, los maestros, los obreros de los supermercados, los bomberos y los policías. Ante todos ellos debemos inclinarnos y dar las gracias a Dios por haberlos creado.

El coronavirus quedará en los anales de la historia de la humanidad como el destructor de nuestros héroes: nuestros viejos héroes que lucharon en guerras terribles para lograr la libertad, la igualdad y la justicia de la que disfrutamos todos hoy en día. No podemos permitir que la humanidad llegue a su final; tenemos que unirnos, todos, en una sola voz que rechace el adentramiento mecánico a una perversa sociedad y a un futuro desgraciado. Busquemos la paz y la libertad de la democracia en todo el mundo, defendamos a los portadores de grandes ideales que defienden los derechos humanos.

Esta obra está dirigida a toda la comunidad internacional, aunque, a veces, me dirijo exclusivamente a la gente de Puerto Rico y España.

Pandemia

Los caídos

Era una noche mortecina y lúgubre;
vigilaba deprimida a los ya idos
y a los caídos que se regateaban
el más lujoso rectángulo profundo,
donde pasarían los momentos
más ingratos de su inexistencia.

Los caseros etéreos estarán esperando
a los viejos inquilinos, limitando todo
movimiento, multiplicando las
restricciones, eliminando todos los
derechos y libertades mortales falsamente
reclamados como derechos innatos.

Trataban de entrar a puñetazos
a través del ojo de una aguja
indecisa que, angustiada,
acechaba a los que querían
evitar el tormento eterno
disfrazándose con piel de oveja.

Los gendarmes

Hay normas sanitarias legales;
por doquier los gendarmes civiles
quitan la custodia de los infantes.
Hay denuncias en todas partes,
los gendarmes remueven a los padres
la custodia de sus hijos bajo pretextos
sanitarios ilegales.

Hay normas legales ilegales;
los padres son acusados de violencia,
los gendarmes arrebatan a los hijos
de las manos temblorosas de sus
progenitores. Necesitamos conejillos
de indias; los gendarmes retiran, a la
fuerza, a los niños de sus hogares.

Son malos, son borrachos, son violentos,
son irresponsables, son casos mentales;
así exclamaban los gendarmes a la prensa
sobre los padres que, nublados sus hogares,
ya no sienten el sol, no miran las risas,
no palpan las caricias de unos hijos que
fueron robados por los malditos tiranos.

Ya los viejos ya no están

Ya los viejos ya no están,
se fueron de este lugar.
Su reloj dejó de funcionar,
hasta sus sombras se cansaron
de caminar. Era larga la fila
donde tenían que esperar.

—Estas cosas sólo suceden
en Cuba —pensaba uno.
—No. Esto es lo que pasa
en Venezuela —decía otro.
—¿Para qué son estas filas?
—preguntaba una anciana.

El reloj seguía corriendo.
Se dieron cuenta que una fila
es para las vacunas y la otra fila
es para el sanatorio, adonde todos
llegan, solos, sin familiares, sin nietos,
sin enfermedades...llegan a morirse.

Todos eran nuestros héroes; todos
con raíces muy profundas en la
casa de nuestra adolescencia. Ahora
son lámparas que se extinguen, no
por voluntad propia, por legalismos
ilegales que los condenan a muerte.

Quítate de en medio

Quítate de en medio, que aquí vengo yo.
No te acerques, no me toques. Estás
contaminado, estás mugriento.
Aléjate a seis pies de distancia,
ponte el bozal azul y ni respires.

Sácame a estos chavales de en medio,
¿no ves que me enferman? Se han tocado
la cara. ¿Es que no les enseñas?
—¡Quita la mano de la cara, niño!
— ¿No ves que te vas a morir?
Apártate, no me toques, que tus manos
me matan. Tu presencia me contamina,
tu plaga es como la lepra; me haces
daño. ¿Por qué no te bañas? ¿Qué
quieres de mí? ¿Por qué no te vas con Peter Pan?

Quítate de en medio, niño; deja de estar
jugando a las escondidas conmigo. ¿No
ves que soy un adulto? Este no es mundo
para niños tumultuosos. Se va sollozante,
los tirantes de la careta halaban sus orejas.

Aquel día del final

Aquel día del final, todos nos encerramos;
fue como la Tercera Guerra Mundial. No
hubo bombas electrónicas ni bombas
nucleares. Todos morían cuando se
tocaban, todos morían cuando se
miraban. Hasta el aire mataba.

Nos atrincheramos en burbujas de cristal
y de plástico; teníamos millones de amigos
virtuales enclaustrados en sus burbujas de
cristal y de plástico. Creímos que podíamos
salvar nuestras vidas, pero el virus empezó
a atravesar las ventanas y las paredes.

—Ha llegado el fin del mundo—decían
los religiosos. Todos nos habíamos
olvidado de la Palabra. Salir sin protectores
era como tener sexo sin usar condones.
Estamos todos en las mismas: si los otros
caen, es posible que nosotros caigamos.

El reloj atormentaba el tiempo, nos
preparamos a cambiarnos la ropa. Otro
día se nos echaba encima, no veíamos
nuestras sombras online. El sol se
apagaba en nuestras almas. No teníamos
miedo, era ya casi una rutina vivir sin vida.

Seguiremos caminando hasta el final,
cruzando cataclismos sin emitir ni un sonido.
Vagaremos a toda rienda, adentrándonos
mecánicamente en la perversidad de esta
nueva normalidad.

¡Basta ya de mentiras!

Números y cifras, es lo único que vemos
en los noticieros. Cuerpos apilados que
no reconocemos, envueltos en bolsas frías,
sedientas de muerte. Se prohíben las
autopsias, se les dice a las personas que no
pueden reclamar a sus familiares muertos. La
ausencia de tus seres queridos, desaparecidos
como por arte de magia, te hace celoso de no
ser tú al que lleven en la bolsa gélida.

¡Qué si el Rapto Bíblico está ocurriendo! ¡Qué si los
gobiernos del mundo, sabedores de su anunciado
y fatal destino, han cambiado el nombre de "Rapto"
al de "Pandemia! ¡Quiero ver a mis muertos!
¡Quiero leer las autopsias de un buen médico
forense! ¡Basta ya de mentiras! Aunque quede
un vacio inmenso en el alma, el amor no
desaparecerá. Aunque el silencio borre nuestra
risa, el recuerdo sobrevive más allá del olvido.

Acróstico del Abuelo

Abuelito, ¿dónde estás? Me dicen que te has ido de
 cuarentena.
Bueno eras conmigo y con los demás. ¿Por qué no me
 esperaste un poco más?
Úrgeme hallarte para abrazarte con mis brazos que se
 cansan de esperarte.
Estoy muy triste y solo porque no sé si algún día vas a
 regresar.
Largo tiempo he de esperar; me han dicho que en la cuarentena,
 hasta cuarenta días te puedes ausentar.
Iré hasta el fin del mundo para poderte encontrar; sé que te voy
 a hallar.
Te pido por Dios que acabes de llegar; sabes que te amo sin
 parar.
Otros me dicen que ya no me verás; que hace cuarenta días ya
 dejaste de soñar, que al Cielo te fuiste a morar.

Virus

Yo seguiré escribiendo hasta que todo el mundo me
pueda escuchar. Es del hombre su existencia, no es
de nadie que pueda estorbar. Ya dicen que toda la
tierra está infectada; descalabrando ha llegado a cortar
las cabezas. Se cree bravo, astuto e invencible el dichoso
virus. Se ha aparecido frente a la gente como el mismo
diablo.

—He matado al viejo—dice.

—He matado al viejo—repite.

Todos sabemos de qué lares viene. Se cree que aquí
puede mandar. No permite que los amantes se besen,
prohíbe que la gente esté alegre. Es un aguafiestas que
se cree muy inteligente, pero sabe que un día lo vamos
a derrotar. Al principio, la naturaleza pensó que era su
aliado. Parecía que los problemas climáticos se habían
solucionado. Todos los seres humanos se habían
enclaustrado. El panorama se hacía más verde, la niebla
tóxica que producen nuestros automóviles se había disipado;
hasta el Monte Everest, junto con las pirámides de Egipto,
todos estaban de celebración.

—He venido a salvar al mundo—nos informaba.

—Sin mí, les quedaban unos treinta años más—nos clarificaba.

—Acéptenme, porque aquí he venido a reinar, y nadie me
podrá quitar—nos decía el terrible virus.

No tenía compasión de nadie; destruiría a la raza humana
si nadie lo enfrentaba. Su agenda se parece a la agenda de
los activistas del cambio climático: "el ser humano es el
destructor del mundo". Todo huele a muerte, todo está
desierto; todo está sereno, todo está solemne. Si eliminamos
al humano, salvamos al planeta y a los gusanos. ¡Pensé que
valíamos más que muchos pajarillos del campo! Miré a mi
alrededor, todo cambió. Iba olvidando, lentamente, cómo
era la vida antes de esta invasión. No creo que pueda seguir

soñando. Amar la madrugada, besar el ocaso, hacer el amor
a la noche; todo es cosa del pasado, mi sonrisa se borró.
¡El plan va viento en popa! Miré un cuadro de Salvador Dalí;
me pareció que me derretía como uno de los relojes de
"La persistencia de la memoria". Exprimir la vida, ver las
estaciones muriendo cada día, jugar a las escondidas con
el tío Covid-19...creo que todo es un castigo a los hombres
por no haber apreciado lo que tenían. ¡Tanta vanidad, tanta
hipocresía! Caminantes incansables, lejanas travesías, locas
andanzas, siempre cargando un pesado equipaje, y todo
¿para qué? Para llegar a la morgue fría.

El padre y el hijo

Dicen que la comida se acaba, que ni agua
de beber podremos tener.
—Papá, tengo hambre—dice el niño.
Tan delicado es mi niño, no sé qué hacer.
Ha comenzado a pasar sus etapas, no lo
puedo olvidar. Tengo que pedirle perdón
por haberlo traído a un mundo que nos
embalsama antes de convertirnos en
cadáveres. Dime ángel mío, muéstrame
tu sonrisa angelical. Eres mi hermosa flor
que perfuma las tristes esperanzas mías
de llevarte a un mundo mejor.
—Papá, tengo hambre—repite el niño.
Lo sé mi amor, ¿a qué más puedo aspirar?
El día no ha llegado todavía aunque sé
que pasito a pasito me acecha la llamada
del Cielo.
—Papá, me duele la barriga—llora el niño.
Lo sé mi vida, no es la pobreza la que nos
impide comer, son los intereses de aquellos
que quieren echar todo a perder; los que
especulan con las vidas ajenas en la Bolsa
de Valores.
—Papá, no aguanto más—implora el niño.
Piensa que todo esto es un triste sueño, mi niño, y
que cuando despiertes en la mañana, todo va a pasar.
¡Padre amado! ¿dónde estás? Ya el corazón me
duele. Déjanos reposar. Aquí, entre tantos caídos,
me ves solitario y a mi hijo no puedo ayudar. Nunca
puse en duda que siempre se hacía tu Voluntad. Demos
marcha atrás, déjanos jugar en la vieja realidad.
—¡Mi niño, despierta! ¡Despierta, vida de mi vida!
Ya mi niño no responde.

—¡Padre mío! ¿Por qué me has abandonado?
La vida se ha vuelto tan sólo un concluir.
—¡Toma hijo! Bebe de mi sangre, aunque sea
para aplacar la sed.

La guerra ha explotado

La guerra ha explotado;
la gente ha sufrido un
rudo trastorno y un triste
amanecer. Un enemigo
invisible nos ha echado
un soplo venenoso. Los
medios noticiosos se
encargan de destruir
nuestra paz santa, creando
histerias colectivas. El
nuevo holocausto mundial,
degenerando vidas está. El
gran principio, está llegando
a su final. Los seres amados
ya unidos no pueden estar.
El silencio nos revienta los
oídos, habitaciones obscuras
son nuestros nuevos solariums.
Al menos estaremos seguros
de que no moriremos de cáncer
de la piel. Hasta el aire que
respiramos se convirtió en elemento
pernicioso. Estableció una división
extraña, arrebatándonos besos,
caricias y abrazos. Virus maléfico,
has detenido las leyes que rigen
los tiempos. Te has armado con
las espinas sobre tu cabeza. Has
ennegrecido nuestras vidas; la
sonrisa de mis hijos ya se ausenta.
Te has convertido en el autor de
nuestras vidas, virus virulento.

De polo a polo vas navegando
un navío sin capitán, ni tripulación;
te amotinaste con tus demonios
de la muerte y desembarcaste
en cada puerto, con desastre y
desolación. Eres fantasma del mal,
científicamente creado para destrozar
todo vástago humano. Eres primo
de MERS y SARS; ellos no pudieron
reinar, no les dimos tiempo para que
se pudieran propagar. No podemos
olvidarnos de dos de tus antepasados,
VARIOLAVIRUS, y
MORBILLIVIRUS;
ellos lograron
matar a más de 200 millones de
personas en el planeta. No creo
que con farmacéuticas millonarias
te vayamos a enfrentar, ni que con vacunas
esotéricas destruyamos tu escoria
existencial. Tenemos, por ahí, un
amigo Divino, tu eterno enemigo,
al que no vas a poder tumbar. Con
sus Ejércitos Celestiales, la guerra
total te va a declarar; todos podremos
gritar "La guerra va a explotar", la
realidad es que la guerra ha explotado
ya, contra ti y tus amigos ocultos; todos
ustedes seguirán otro curso y el aliento
de vida regresará para ver un nuevo
día. Te digo adiós, enemigo infernal;
tu naturaleza será destruida por sí
misma, y todos los que colaboraron
en tan desventurada conspiración,
caerán a filo de espada y serán
llevados prisioneros ante todas las

naciones para ser juzgados por
los crímenes de guerra que cometieron,
por siglos y siglos, en toda nuestra
linda esfera terráquea.

Acróstico de las mascarillas

Mirarte, ya no puedo; tienes algo puesto en la cara que no
    está correcto.

Ahora, no te escucho claro; eso que cubre tu rostro es como
    un muro que bloquea el sonido, y estoy triste por no ver
    tus labios.

Simplemente, infeliz me encuentro; tal vez sea mi castigo por
    no haberte dicho antes que te quería.

Culpa mía fue, tus labios han desaparecido. Debí haberte
    besado cuando me lo pedías.

Aislados nos han mantenido por once meses, la ausencia de
    tus labios va disipando mi vida; tengo miedo de que si
    muero de amor, digan que he muerto de coronavirus.

Respirar ya no puedo, la mascarilla está penetrando las
    partículas de mi cara; quisiera aspirar tu aliento, aunque
    sea de lejos, pero ya no puedo.

Instrumentos de experimentación somos todos, nos han
    sembrado un yugo terrible que oprime nuestra libertad
    y nuestro amor verdadero.

La gente no ve lo que está sucediendo, todos se dejan llevar
    por lo que informa la tele.

La mentira está confeccionada con los mejores ingredientes:
    las "fake news" y otros componentes.

Amarrados, engañados, enmascarados y mal gobernados
    hemos estado; los déspotas acaudalados han sonreído
    cuando observaron nuestro amor ahogado detrás de los
    trapos.

Sueño con un mundo libre de virus, donde callar no sea la
    nueva normalidad; donde respirar libremente no sea
    criminalidad.

Caras sin máscaras

Las caras sin máscaras
ya estaban marchitas.
Ya las sonrisas habían
desaparecido. Siempre
hubo una lucha entre
la cara y la máscara.
La máscara logró vencer
a la risa; besos muertos,
alientos venenosos. Ya
ha cambiado nuestro
rostro, ya vemos nuevas
arrugas en la cara, aun
siendo jóvenes. Grietas
que marcan el correr de
un nuevo tiempo no deseado.
Tejidos de tela penetraron
los huecos del soplo
de la vida, mientras las
vibrisas nasales, en luchas
mortales contra el invasor
azul, disparaban estornudos
infinitos para romper las redes
mortíferas que asfixiaban la
alegría del bulbo olfativo.
Caras sin máscaras, ahora veo
la nueva cara humana: débiles,
inhumanas; nos da terror
mirarnos en el espejo, somos
el espectro de algo que fue
sano y bueno. Ya acabamos
con el coronavirus, todavía
estamos en silencio; caminamos
con cuidado, aún se escuchan los

lamentos de un cortejo fúnebre
que no se aparta de nuestros
seres. Caras sin máscaras,
caras sin máscaras; las caras
con máscaras fueron nuestras
verdaderas caras...la nueva
normalidad. Ahora solamente
llevamos otras máscaras,
cachetes pálidos, ojos marchitos,
narices aplastadas, labios apagados.
Caras sin máscaras, un absurdo
imposible. Ahora todos sollozamos
por no tener máscaras en la cara,
estábamos muy conformes cuando
éramos reos del triste destino.

Desde la habitación

Cororonavirus, cambiaste nuestras
vidas; nos pusiste mascarillas, nos
metiste en hospitales.

Desde la habitación veo doctores y
enfermeras llenos de esperanza, todos
trabajando arduamente por la vida.

Ya no vemos las caras de los galenos,
todos llevan su verdadera foto en el
cuello.

Sus fotos muestran caras alegres,
risueñas; detrás de sus máscaras hay
rostros de amargura y dolor.

La habitación sólo tiene una cama,
la mía; hay mucha tecnología interesante
alrededor de mi cuerpo.

Nuestros familiares están al otro lado de
la puerta, aquí no se permiten extranjeros;
el que está adentro sólo tiene boleto de ida.

No puedo olvidar lo que era la vida antes,
aunque la mire de lejos desde la habitación.
No le prestamos atención, ahora la extrañamos.

No podemos perder la esperanza, es algo que
Dios nos ha regalado; somos muy privilegiados
porque tenemos a un Salvador que nos vela.

Si uno se muere, sabemos que subimos al cielo;
otros, por desgracia, bajan al sótano flameante;
allí no hay aire acondicionado.

No importa que la vida se vea gris; aquí, con
las lucecitas de las máquinas, estamos de
discoteca.

¡No hay ni ventanas en la habitación! Sólo un
corre y corre es lo que escuchamos detrás de
la puerta.

A veces pensamos que nuestros familiares ya
no nos quieren, no vienen ni a decirnos un
último adiós en caso de confusión

No entiendo lo de la plomería, estoy aquí en
otro mundo; me han puesto en estado de
"coma" para que el viaje sea más placentero.

¡Qué importa! Ésta es sólo otra habitación.
Al lado mío hay otra habitación como todas
las que están en esta colmena humana.

Algún día nos pedirán que hagamos un
"checkout" urgente de nuestro "resort"
sanitario; hay más turistas que quieren
estar bajo las luces de discoteca, el
problema es que bailarás solo, sin pareja.

La mayor parte de los turistas momentáneos
son ancianos que, en algún momento del
pasado, fueron héroes que tuvieron muchos
sueños: tener un hogar, tener una familia,
y tener un buen trabajo.

Lucharon por las libertades que hoy en día
todos disfrutamos. Ahora, luego de ganar
un boleto de viaje de una sola ida,
miran hacia atrás y ven el fruto que
han cultivado.

Desde la habitación, escuchan a los
doctores murmurar; aunque todos
están bajo los efectos de la "coma",
sus espíritus pueden escanear lo que
sucede a sus alrededores. Muchos
escuchan: "hay que desconectarl@ ya".

Pestes del mundo

En el esplendor de la humanidad
siempre han habido situaciones
misteriosas que han desequilibrado
el orden de las cosas. Gracias a
Dios los baby boomers, la generación
X, los millennials, la generación Z
y la generación Alpha, no hemos
sido víctimas, todavía, de las
pestes del pasado que acabaron
con millones de almas, llevándolas
a todas a la sepultura. La vida y
la muerte siempre han estado
asociadas, es el juego del destino.
Hoy nos visita un combatiente
atroz, lo nombraron Covid-19.
Se convirtió en el protagonista
de la mejor novela de la vida
humana; también le llaman
"Coronavirus", y quiso ocupar
el mismo lugar que ocupamos
los protagonistas originales
de la serie ancestral.
Mucho tiempo atrás, allá por
el siglo sexto, el Imperio
bizantino sufrió mucho debido
a otra plaga que acabó con el
40% de la gente; dicen los
historiadores que había alrededor
de 800,000 de personas en
Constantinopla. Se le llamó
a esta gran peste "La peste
de Justiniano", quien era el
magnate de la gran ciudad.

Tal como ha sucedido
recientemente, el gobernante
cae víctima de la pandemia
pero logra recuperarse como
por acto de magia. También,
las consecuencias económicas
fueron escalofriantes, tal como
las actuales. Dicen los expertos
que dicha enfermedad mortal,
peste infernal, fue la primera
pandemia de peste de la que
tenemos conocimiento; el pánico,
como el actual, descontroló la
vida humana; no se sabía dónde
colocar los cadáveres. Este terrible
mal continuó reapareciendo
hasta el siglo octavo, llevándose
entre 25 a 100 millones de vidas
adicionales. Nada tuvo que ver con
los cambios climáticos de los tiempos.
¿A qué corporaciones íbamos a culpar
por el envenenamiento de las aguas y
de la tierra en aquellos tiempos? ¿Por
la destrucción de la capa de ozono?
Pero el tiempo no era discriminador
de gente ni sociedades, la plaga de
Antonina, más poderosa que el
Covid-19, mató a más de cinco
millones de personas durante el
Imperio Romano en el siglo segundo.
Luego, en el siglo tercero, vuelve
a ser azotado el Imperio Romano
con otra pandemia, la plaga de
Cipriano, la que provocó la muerte
de un millón de personas. ¿Estarían
los dioses enojados con su gente?

Es posible que la Madre Naturaleza,
como la llaman algunos, se encargaba
de traer justicia a la Tierra, destrozando
imperios y cambiando gobernantes.
¿No es mucha coincidencia? Las "fake
news" no existían, los teóricos de
conspiraciones no habían nacido.
La epidemia de viruela japonesa
terminó con la vida de dos millones de
japoneses en el siglo octavo; algunos
relatos cuentan que habían hasta 8
millones de dioses en la tierra del
sol naciente. La sentencia inexorable
del destino no podía faltar. La Peste
Negra, conocida como la Pestilencia,
marcó las huellas del dolor en toda
Eurasia, Europa y el norte de África
durante el siglo catorce, trayendo la
muerte hasta casi 200 millones de
personas y causando más malestares
en el ámbito religioso, social y
económico. Parecía como si la
humanidad hubiera llegado a su fin;
todos contemplaban, con ojos llorosos,
la perversidad de un desgraciado futuro
incierto. Éste fue el comienzo de la
segunda gran plaga pandémica que
azotara al planeta. La humanidad
marchaba de tumbo en tumbo; llegan
los Conquistadores al Nuevo Mundo
y con ellos más imperfecciones y
calamidades. Para el siglo dieciséis
se desata la epidemia de viruela en
México, la que ensombrecerá la vida
de hasta 8 millones de seres. Caían
víctimas tras víctimas, lo que ayudaría

a los conquistadores a destruir el Imperio
Azteca. ¿Sería el comienzo de una
guerra biológica contra todo un
pueblo que tenía creencias religiosas
distintas a la de los conquistadores?
A esta epidemia le sigue otra llamada
la epidemia de Cocoliztli; ésta trajo
devastación a todo el territorio azteca,
mató hasta 15 millones de personas.
Entre finales del siglo 16 y principios
del siglo 17, España fue golpeada por
la peste bubónica, la cual se adueñó de
casi 700,000 vidas; la misma peste
bubónica cobró casi un millón de
vidas en Egipto a principios del siglo
17, y otro millón en Italia durante
la plaga italiana. Vemos cómo el
tránsito de la existencia humana se
ve interrumpido por actos de la
naturaleza o por los mandatos de
alguna entidad espiritual o celestial.
Han sido cientos y cientos de golpes
virulentos los que han cambiado la
historia de la humanidad; no puedo
mencionarlos todos porque no estoy
escribiendo un texto sobre virología,
solamente quiero hacer énfasis sobre
las pestilencias que han sido más
devastadoras en cuanto a la cantidad
de vidas perdidas. La tercera gran
pandemia de peste bubónica causó
la muerte de más de 12 millones de
almas durante el siglo 19 y el siglo 20.
También, a finales del siglo 19, apareció
la pandemia de gripe, la que mató a
aproximadamente un millón de personas.

La pandemia de encefalitis letárgica cobró
la vida de más de un millón de personas a
principios del siglo 20; la gripe española,
gran pandemia de 1918 cobró la vida de
más de 50 millones de personas alrededor
del globo terráqueo; la pandemia de gripe
asiática cortó la vida a casi 4 millones de
desventurados a mediados del siglo 20.
El sarampión ha cobrado la vida de más
de 200 millones de personas a lo largo de
la historia; el cólera se llevó a casi 800
mil personas a principios de siglo 20 y
casi 4 millones a través de la historia.
La gran pandemia moderna, el SIDA, mató
a más de 35 millones de personas a finales
del siglo 20. Ahora, el gran devastador
de principios del siglo 21, Covid-19, se
ha coronado como emperador dentro de
todas las naciones del mundo. Nos ha
llevado al silencio colectivo, a la opresión
de los derechos de la gente; ha asesinado
los grandes ideales de los individuos
y nos ha dado un nuevo rostro enfermo
y deprimido. Dirige nuestros destinos
como si fuera un dictador, nos habla
como todo un galeno, diciéndonos cómo
tratarlo en casos de emergencia; controla
todas nuestras finanzas y decide cuándo
sube o baja la bolsa de valores. Nos quita
nuestros empleos y se convierte en nuestro
nuevo casero. Es el autor de otra tragedia
más en el circo de la vida dentro de una
nueva normalidad. Creo que cada momento
histórico tiene su lugar en la historia de la
humanidad y no podemos cambiarlo; tal vez
el coronavirus nos quiere hablar, quiere que

cambiemos la forma de ser, la forma en que
tratamos a los demás, la manera en que
tratamos nuestro único hogar...la Tierra.
Quiere que dejemos de quejarnos, que
apreciemos lo que Dios nos ha dado;
quiere que dejemos de matarnos entre
nosotros mismos, quiere que acabemos
con los crímenes que hemos cometidos
a través de la historia en el nombre del
progreso o de dioses perversos; quiere
que dejemos de tratar a las otras personas
como esclavos, que aceptemos que vivimos
en un mundo multicolores donde no existe
la superioridad de unos sobre los otros.
Quiere que desaparezcan los abusos
depravados que existen contra los menores,
y que paren las palizas contra las mujeres;
quiere que se acaben las divisiones
financieras y las luchas étnicas y religiosas
alrededor del planeta. Quiere que se acabe
el hambre entre la gente, entre los niños;
quiere que la tiranía y la inmoralidad sean
cosas del pasado. Quiere que construyamos
y no destruyamos. Quiere que respetemos
la naturaleza y todas las plantas y animales
que en ella vivan. Quiere que haya paz,
amor, justicia y hermandad en toda
la Tierra.

La mascarilla

Es una asfixia la que corroe mi mente,
ya mis pulmones estaban conscientes.
No me falta el aire porque tenga Covid-19,
es la mascarilla, aliada del aire, la que
me sofoca, la que bloquea mis luengos
laberintos que llegan a los pulmones.

Ya, como si fuera parte de mi vida,
la siento dentro de mi circulación;
vino muy agresiva, trayendo opresión.
La muy pequeña vino sin invitación,
ya cementada en la cara, no tengo
otra opción.

La desgracia ha traído a nuestras vidas,
se pasea por las calles, los restaurantes,
y las tiendas. Aparecen pretextos para
que ella siempre esté presente. Es
imposible oponer resistencia, siempre
aparece primero que yo, en todo.

Si me detengo y trato de esquivarla,
siempre está presta para el ataque.
Solamente deseo olvidar que estamos
en una guerra mundial, quiero escapar
de esta prisión infernal que destruye
mi personalidad.

Nos ha metido miedo diciendo que es
nuestra salvadora, que sin ella moriremos
de seguro. Ya me estoy aclimatando a
la idea de que seremos muy buenos
compañeros, tal vez camaradas, en
este círculo vicioso de la existencia.

A altas horas de la noche me llama y
me habla. Me pregunta que por qué
no la tengo enganchada a mis orejas.
Me recuerda que no debo tener
inseguridad, que es como tener una
nueva prenda de vestir, una joya.

Me castiga diciéndome que antes
la gente no me miraba, que solamente
se fijaban en lo que tenía en los bolsillos.
Que yo era como un grano de arena
en la playa por donde todos transitaban,
pisando a todos por igual como si nada.

Estaba esperando para darle un jaque
mate a la mascarilla, no iba a permitir
que continuara bloqueando los largos
expresos que curvean mi cerebro por
falta de oxigenación. Yo iba a respirar
aunque me llevaran a prisión.

Yo conozco mis derechos, no hay poder
sobre mí excepto el Poder de Dios. No
he de temer a las leyes del hombre, todas
son vanidad de la vida. Al policía o al
militar le he de recordar que ellos trabajan
para mí, que yo pago su salario.

La mascarilla me miró y tuvo miedo, de
esos que desmoralizan a muchos. Me
recordó que algunas de sus hermanas
traen válvulas de exhalación para que
pueda respirar mejor. No seré más tu
esclavo—le dije.

No más sonrisas falsas en busca de amparo,
ya serás parte del recuerdo de una pesadilla
que nos atormentó por doce meses. Los
espasmos doloridos, al querer respirar,
ya no serán parte de mis noches oscuras
cuando trataba de conciliar mi paz con Dios.

Un nuevo renacer se acerca, serás parte de
un pasado que nunca debió ser. Causaste
desventuras en criaturas inocentes, niños
que no conocían de pecados; niños que
perdieron sus vidas asfixiados por tener
el aliento de la vida bloqueado por ti.

Ya es hora de huir de tan cruel tiranía,
los gritos de la gente se escuchaban por
todas las calles: "¡Quítense las malditas
mascarillas!" Era el momento de remover
sus garras de nuestras caras, hay que
abrirle la puerta a la sonrisa y borrar el llanto.

El tiempo de la tormenta ya pasa, no más
cielos encapotados sobre nuestras vidas.
Las vidas que se fueron a la deriva, una
vez más se reúnen libremente sin temor
a ser arrestados o multados por no obedecer
la ley de la mordaza.

El fantasma de la mascarilla ya era historia,
un año de tristeza y de dolor; de hambre
para los que perdieron sus trabajos y su
hogar. Ahora nos levantamos triunfantes,
el silencio se convirtió en algarabía, los
rostros moribundos resucitaban.

Las lágrimas se secaron, las oraciones
de duelo se convirtieron en cantes flamencos;
las caravanas fúnebres se volvieron bailes
de bachata y brincoteos reguetoneros.
La vieja normalidad volvió a ser la nueva
normalidad. El sueño se hizo realidad.

La crisis

Millones de niños hambrientos, inseguros;
todos, en la nación más poderosa del mundo.
No hay alimentos, no hay trabajo para los
padres; todos luchan contra el hambre,
todos buscan ropaje de justicia.

La pandemia ha traído un tiempo que ya
no es oro, un tiempo frívolo para aquellos
que están más susceptibles a los cambios
repentinos: los analfabetas, los desempleados
y los marginados.

Los discapacitados, con problemas del
habla, con situaciones mentales o defectos
físicos, son los más afectados en un mundo
que no ha progresado en nada; hemos estado
amarrados y mal gobernados.

Los números son muy claros: estamos en una
crisis peor de la que pasamos durante la Gran
Recesión. La pobreza en el planeta se ha
convertido en una guerra declarada, mientras
los privilegiados disfrutan en francachelas.

Los gobiernos no han hecho nada para
educar a sus ciudadanos, la gente cree
que los alimentos vienen de almacenes;
que no han sido cultivados en la tierra,
que el dinero son hojas de los árboles.

No hemos aprendido a amar nuestra
tierra, a cuidarla, a convertirla en útero
cultivable. No se trata de presionar una
tecla en la computadora y ordenar algo
para comer, hay que trabajar la tierra.

Vivimos desterrados en nuestro propio
planeta, existe una desproporcionada
distribución de alimentos entre la
población indigente, gracias a la
extravagancia social de unos pocos.

Las guerras fabricadas por los privilegiados
hacen que la producción de alimentos se
detenga en países fértiles, pero mal gobernados.
La bolsa de valores también tiene culpabilidad
por la comercialización de esos bienes.

Ahora, con el coronavirus, los conflictos se
prolongan; algunos culpan a los cambios
climáticos. Debemos culpar a la inmunda
vida del vicio de nuestros gobernantes
inescrupulosos y corruptos.

De las estratagemas dictatoriales de nuestros
nuevos gobernantes, jamás sabremos nada;
con su ataque pernicioso, en una guerra
mundial no declarada, se convierten en
aliados de sangre de un virus malévolo.

La miseria se enseñorea en las familias
hispanas y afroamericanas, sin olvidarme
de nuestros hermanos de la India, de
toda Asia y las islas del Pacífico. Un
cambio de gobierno no solucionará nada.

¿Cuántas más lágrimas deberán soltar
todos aquellos abatidos que han sido
torturados por la peor pandemia—el
hambre—de todos los tiempos? ¿Cómo
luchar contra el coronavirus, cuando no
hemos podido acabar con la hambruna?

Conspiración

Covid-19

Vino con furia desde Wuhan, China; nadie sabe
dónde nació. Dicen que fue creado en Estados
Unidos, para darle una lección al Imperio del
Dragón; otros dicen que para matar una presidencia.
Lo diseñaron, como para desfilar en un concurso
de modas y le pusieron las siglas: SARS-CoV-2.
Se vistió de uniforme colorado, repleto de espinas
punzantes. Parecía un fiel militante de los tiempos
gloriosos de Mao. Era el nuevo dios vengador que
dejaría morir a millones de personas.

Le hizo la guerra al mundo entero. Tal vez vino de
incógnito desde alguna república musulmana del Asia
Central. Los americanos culpaban a los chinos, mientras
los chinos culpaban a los americanos de lanzar una
nueva Guerra Fría, una Tercera Guerra Mundial
Biológica que sería casi imposible identificar. Se oculta en
las salidas como en las entradas. Va en silencio diciendo:
"Tú eres mío". Continentes tras continentes le cogían
miedo y le mostraban todo su respeto. Fue el nuevo amo
del mundo, los hombres se convirtieron en perros fieles.

Siempre, con la espada extendida, cortaba las cabezas
a los más indefensos; tal vez a aquéllos que ya
tenían un padecimiento mortal. Los líderes del mundo
quisieron echarlo a la hoguera, pero el tiro salió por
la culata. Los perros quisieron darle una mordida, pero
el amo es muy escurridizo. Ya había pensado traer un
infierno a todo el orbe terráqueo. Hasta la sombra del
hombre estaba destinada a rendirle culto. El miedo y la
angustia se apoderaban de los más débiles. La gente,
alarmada, se alejó de la realidad; las sonrisas
desaparecían como por arte de magia.

Todo el mundo la estaba pasando muy mal. Todo el
mundo estaba perdiendo la cabeza. Nadie sabía adónde
iría después el terrible mal. Se convirtió en un agente
muy poderoso. La gente creaba arte y anuncios comerciales.
¿Cómo es posible que un ser microscópico tuviera tanto
poder? Es muy respetado por la comunidad médica
internacional, ésos que se creen que se lo saben todo.
¡Mucho titulacho, pero no en medicina! Nos recetan
bozales—si se acuerdan, somos perros—y nos enjaulan.
El comercio, la bolsa de valores, han incrementado las
ganancias gracias al dios Coronavirus.

Mascarillas de todos los colores, diseños y de material
reciclable, inundan los comercios, creando una nueva
generación de millonarios; las caretas transparentes
permiten que muestres una forzada y falsa sonrisa,
los detergentes antivirales inundan las alcantarillas; no
podían faltar los "tests" mandatorios de los gobiernos
y las instituciones privadas; el medicamento antidepresivo
llena de felicidad al espíritu muerto de los débiles en las
aulas escolares. El patógeno lleva nombre: dicen que se
llama Covid-19, uno de sus hermanos mayores se llama
Covid-20. Covid-19 se ha convertido en una nueva religión,
en un dios para los políticos del mundo; un dios al que
todos temen y veneran.

Este nuevo dios, entre tantos dioses falsos, piensa
explicarnos las razones de la existencia humana y las
razones por las cuales debemos desaparecer. Ya debutó
y entró en sociedad en las buenas familias, esas que
tienen mucho dinero y fama; a los pobres, a los que
trabajan duro, a los viejos, a todos ellos trata muy duro.
A los de piel oscura y los que hablan español, no les
tiene compasión. Se comporta como si tuviera cerebro
propio. Parece haber estado durmiendo por largo tiempo,
en espera de ser despertado por el beso de una computadora
alimentada con inteligencia artificial, esa que va a crear
seres vivos sin género en un futuro muy cercano.

¡Pero no teman! ¡Es tan sólo un bebito recién nacido!
Hay que cuidarlo, amamantarlo con vidas humanas;
gracias a Dios, no invade las vidas de nuestras mascotas
caseras. China, Italia, España, Francia, Inglaterra, Estados
Unidos, Australia, África, Rusia, Puerto Rico...la lista es
interminable. Llega implacable, como todo un torbellino
que aumenta de categoría tal como lo hizo el huracán
Caribeño, María. Su misión primordial es tocar la casa
del espíritu humano. Ya ha tocado el mismísimo espíritu
de la Tierra. Fue liberado, no vino a asustar; vino a matar.
El Bronx, San Juan, Roma, Madrid, Londres, Los Ángeles,
Miami, Chicago, Medellín, Rio de Janeiro, New Orleans,
son sus centros de atracción.

La labor que comenzó Cristóbal Colón en América,
Covid-19, una manita vino a echar. Apagó la risa de los
infantes, a todos quiso asustar. Mira siempre a quién matar.
Ya no hay rostros, borró las caras de la gente, a todos les
puso bozal; no hay fotos en las redes sociales que no
muestren la nueva dermis y epidermis de la nueva moda
facial. Vamos, como ovejas fieles, al matadero, donde nos
piensa asfixiar. Ya está saliendo de los pañales, corre por
toda la sangre. Cuando hiere, sale corriendo a devorar a otro
que se deje matar. Entra, como ladrón escondido, por donde
entra el aliento de vida cuando nacemos. Cuando llega a la
casa noble y santa, dice: "¡Esta casa es mía!" La penosa
resistencia no da para más.

Nuestros seres amados se van aglomerando como
manzanas que, poseídas de parásitos y hongos, caen
podridas al suelo, transfiguradas en guerreras que se
disputan el lugar de su última morada. Este año ya se
está pareciendo un siglo. Los expertos dicen que ésta es la
nueva normalidad. La gente se pregunta, ¿cuál sería la
vieja normalidad? Todo parecía irreal. ¿Qué había de malo
con la vieja normalidad? ¡Hay que elevar los números en
la bolsa de valores! La plandemia está dando buenos
dividendos. El uno por ciento (1%) que se traga al
mundo se hace más poderoso y racista. Tenemos que
cambiar la forma en que viven los humanos, ¡hasta el
aire nos piensan vender algún día!

Ya ni los viajecitos podemos dar, tenemos mucho
tiempo y no sabemos qué hacer. Dicen que en España
te multan si sales sin bozal, el aburrimiento los está
matando. La gente piensa que somos los judíos que se
dejaron matar por los nazis sin ofrecer resistencia.
La valla está lista para ser construida, el nuevo
experimento llamado "dictadura" está a punto de dar
a luz. El nuevo dios del aire nos ordena estar en fila
india, un artículo por persona, como en la Cuba de Fidel;
¡no necesitas más! Estamos contaminando el planeta,
somos muchos, casi nueve billones de buscones; somos
los causantes del cambio climático de nuestro planeta,
Covid-19 se tiene que vengar.

Ya no son las bombas que sueltan en Vietnam lo que
nos afecta, la bomba biológica Covid-19 ha sido lanzada
y cunde por los cuatro puntos cardinales. La hambruna
se ha convertido en peor plaga que el Covid-19, es muy
buen economista el nuevo dios del aire. Todo se derrumba,
la economía mundial visita la tumba; los gobiernos del mundo
se tiranizan, la moralidad es el "hazme reír" del día; la familia
desaparece, el abandono y el abuso sexual y el secuestro
de infantes se incrementa; el desempleo va en aumento,
los salarios son un insulto; las instituciones educativas se
han convertido en centros psiquiátricos.

Los millennials, los de las generaciones Y, Z y Alpha ya no soportan este descalabro. Tiran la toalla blanca en el cuadrilátero. Tristemente, la evolución humana está llegando a su final. El hisopo de 6 pulgadas entra por tus cavidades nasales, te mantienen alejado a 6 pies de distancia de otros humanos; se limitan las reuniones sociales a 6 personas. La esperanza se evapora, la vida está retorcida, la noche sigue siendo en la mañana. Desmayan los de los selfies, entristecen los que deben mostrar un sonreír amargo debajo de sus nuevas caras. Parece que los cirujanos plásticos tendrán buenas ideas para crear caras nuevas sobrepuestas sobre caras escondidas.

Ya todo está arreglado, la gran estafa del año ha sido bien jugada. El crimen del siglo será nuestro eterno castigo. La gran dictadura sanitaria, con el apoyo de galenos inescrupulosos, respaldados por los falsificadores de eventos reales, ya tuvo visiones del tiempo que duraría esta terrible epidemia: 2025. Tu libre albedrío y tu libertad de nada te servirán. Está todo planificado para que adores a un dios nuevo. Comenzaremos a olvidar lo que éramos en otro tiempo. Nuestros rostros estarán borrados, el recuerdo de los sueños del pasado será como vivir dentro de una simulación computarizada, un patético holograma, dentro de una gran bóveda transparente, ansiando que ese momento nunca llegara.
Ha llegado el Coronavirus para quedarse y triunfar.

10/27/2020
1:20 p.m.

¡Quinientos millones de personas!

Estamos de aventuras, dicen que el mundo en
que vivimos es tan sólo un simulacro. Todos
tenemos sueños, todos tenemos temores y
ansiedades. Todo empieza y todo termina,
estamos en los mismos lugares, estamos con
la misma pena. El mundo está convulso, está
que echa leña al fuego. No comprendemos
lo que pasa, sólo sabemos que pasa. Andamos
en filas indias adonde quiera que vamos. Pensé
que Cristóbal Colón y Juan Ponce de León
se habían encargado de ellos. Muy pronto nos
pondrán uniformes blancos para que no
podamos estar extraviados entre los lobos.
Pareceremos ovejitas blancas que van con
su pastor al riachuelo, sin saber que a donde
nos llevan es al matadero. Dicen que comemos
mucho y que se acaba el alimento, se abre la
despensa, ya no hay comida. Dicen que ya
somos casi 9 billones de habitantes en el mundo.
¡Es imposible! Es que no hay televisión y por esa
razón tenemos muchos críos; luego, no tenemos
con qué alimentarlos. Para todo este lío, se creó
una guía para controlar a la humanidad. Allá por
el año 1980, se levantó un monumento en
Georgia (USA), llamado "The Georgia
Guidestones", las "Piedras guía de Georgia",
en español. Parte de la inscripción dice:
"Mantener a la humanidad por debajo de
500,000,000". El mensaje está escrito en ocho lenguas,
estos idiomas son: inglés, español, swahili, hindi,
hebreo, árabe, chino tradicional y ruso. Me parece
que se les olvidó incluir el nuevo idioma: "dólar".
Esa enorme ambición científica se ha estado

desarrollando, cuidadosamente, por siglos y siglos.
Tan iguales y tan distintos eran esos días, tal como
los nuestros; la única diferencia es que antes se
respiraba libertad, esa que nos han cortado así no
más. Le diremos adiós a las guerras, ya no podemos
gastar más. Las epidemias son más efectivas, más
civilizadas. Son las armas modernas de una sociedad
más avanzada. Los gobiernos abren la puerta para
que salgan a jugar con los abuelitos y a veces, algo
sorprendente sucede: también juegan con otros.
¿Quién los recordaría? Los medios de comunicación
se encargarán de que los números siempre estén en
la pantalla, siempre para asustarnos. Es como ver
cómo se mueve la cosa en la Calle de la Pared. A
veces, en el mundo financiero, cuando se pierde se
gana. Si perdemos 8,500,000,000 de almas, acabaremos
con los problemas climáticos que destruyen el medio
ambiente y ponen en peligro la existencia de otras
especies dentro del mundo de la fauna y de la flora.
¡Ganamos para el planeta! Nos preguntamos: ¿quién
habrá creado los disturbios climáticos en tiempos de los
dinosaurios? Nadie nos lo puede explicar. El alimento
abundará y el desempleo se acabará. Cada persona
vivirá en mansiones de cristal, o en castillos de oro;
el mundo entero verá la paz. Ya no habrán cárceles
ni papeletas para ir a votar. Un solo gobierno nos
domesticará, una sola religión nos guardará.
¡Quinientos millones de personas! ¡A ésos sí
podemos manipular! Haz lo que te digo, lleva
tu bozal; sal cuando te lleve a caminar, no mires
para el lado porque te puedes extraviar. No te acerques
a otros porque te puedes contaminar. Arrodíllate y lame
la mano que te va a alimentar. Un chip te vamos a
implantar, es conveniente saber en dónde estás.
Vigila al vecino para que lo puedas denunciar,
no preguntes mucho porque te pueden matar.

¡Quinientos millones de personas! De los nueve
billones de personas que hay, lo que no sabemos es:
¿cuál será la primera que se irá?

El gran engaño

Veo a tanta gente invocando
a políticos nefastos, que creo
que hay algo malo en sus
cerebros. He pasado por las
manos de más de diez presidentes
y me siento consternado al ver
a dónde han llevado a mi terruño
y al mundo. Todos ellos han hundido
al planeta en una crisis sin precedentes.
No hay buenos presidentes, no hay
buenos gobernantes. Todos son
culpables de las crisis del hambre
en nuestro orbe, a ninguno le ha
preocupado el problema de los
cambios climáticos. Hay disturbios,
hay guerras; sus hijos no se enlistan
en las fuerzas armadas como cualquier
chico que vive en la pobreza. ¡Qué
impostura la de ellos! Padre, hijos y
nietos saquean países enteros hasta más
no poder. ¡Es que freno merece este
desenfreno! La humanidad está
hastiada de esta fuerza bruta.
Estamos perdiendo la vida, no
con guerras electrónicas; ahora
son guerras biológicas. El viejo
sol se esconde, ya no nos alumbra;
tiene miedo de salir. Los pueblos
no pueden despertar, todos cavaron
sus propias tumbas con su maldito
teléfono celular. Con esto del
covid-19, la esperanza anda
desesperanzada. Despiadadas

fieras ya han decidido el futuro
de la humanidad. Crearon un
monstruo invisible que ya ni ellos
pueden controlar, eso es lo que nos
hacen pensar. ¡Llega el fin de la
pobre humanidad! No hay que
preocuparse, ya ellos han dado
nombre a la nueva generación que
continuará después del nuevo
genocidio: "Generación Alfa".
Eso quiere decir "comienzo", para
el que no entienda de estas cosas.
El oleaje de vida, aquella de años
ancestrales, ya estaba planificada
por fuerzas sobrenaturales. Eran
años de inviernos largos y de
noches frías. Luego del asesinato
de Abel, comienza la conspiración
tenebrosa, esa de reducir a la
población. "Ahora me quedan papá y
mamá, creo que a ellos también
tendré que eliminar", así pensaría
Caín luego de echarse a su hermano
Abel; el mundo era muy pequeño para
los tres. Lo mismo piensan los que se
creen ser dueños del mundo, esos que
se han dedicado a usar nuestros
impuestos federales para crear bombas
nucleares y virus mortales; hasta la
tecnología 5 G han creado los políticos
fatales. "Es muy difícil respirar
donde respiran las masas pobres" —dicen—,
indignas de vivir un sólo instante en nuestro
único planeta habitable. El designado edén
privado, su lujosa casa club en el campo,
era su country club terráqueo; aquí no caben

nueve billones de habitantes, pecadores
atorrantes. Soltemos un chinche invisible
en el aire y digamos que salió de un murciélago,
en alguna provincia de China. Detrás de cada
político bribón sale un desgraciado y maldito
ratón, dispuesto a pandemizar a toda una
generación. Entramos en una guerra eterna
en donde nadie puede ofrecer ninguna
solución. Creo que estamos al borde de la
muerte de una nación, el tiro ha salido por la
culata; lo mismo pasó con el SIDA, ¡y que
de un mono venía!, pero ese no vivía con
el hombre mono. Dice un viejo adagio: "El que
mucho abarca poco aprieta". Todos estamos en
la misma barca, repúblicas y colonias viven
bajo un mismo techo, el orbe terráqueo que ha
sido deshecho. Y nos dicen que ya tienen
la solución, que estemos preparados para
la gran vacunación. El gobierno mundial
tirano, que nos ha mantenido maniatados
por años y años, quiere lograr su última
venta criminal. Quieren vender nuestras
vidas al mejor postor, esas compañías
de medicinas que nos usan como
conejillos de indias. ¡El gran engaño
vuelve a triunfar!

¿Por qué a los ricos no les da Covid-19?

¿Por qué a los ricos no les da covid-19?
Será porque habrán sido consagrados con algún
bálsamo divino en los tiempos Bíblicos. Tal
vez fueron creados con otro molde, en alguna
cocina extranjera; la verdadera agenda culinaria,
nadie podrá descifrar.

Su silencio siempre ha vivido en la oscuridad, es
como si toda su vida la hubieran vivido en alguna
lujosa fosa. Han mantenido a los pueblos al margen
de la realidad. Se hacen reyes y emperadores sin
que nadie los confronte, sin ganar el voto popular.

Dicen que tienen sangre azul, eso me suena a
ataúd. Creo que estamos tratando con una gran
conspiración. Al único ser azul que conozco es
un dios de la India llamado Krisna, hay que tener
cuidado porque las apariencias engañan.

Creo que hoy en día tenemos a otro tipo que es de color
naranja y se cree que es presidente de un país de
fantasía. Los colores de la piel no hacen mejor o
peor a una persona, lo que identifica a una persona
es la materia divina que mueve su corazón.

Pero ¡esta gente ha perdido la razón! Creen
que son la "crème de la crème" de esta extraña
cósmica evolución, crearon las guerras como
carrera política; puede ser que sean un mal parto
de la naturaleza.

Siglos tras siglos van moviendo su orden
mal formado, van transformando sociedades
a su terrible semejanza; van cambiando valores
de acuerdo a sus errores. Son nidos de odio
y aberraciones.

Manipulan grupos étnicos, son señores y señoras
de la guerra; deberíamos preocuparnos de no ser
descendientes de aquellos que quieren destruir
nuestra Tierra. Con las manos en los bolsillos,
van contando la plata que hacen con cada conflicto.

Es irónico pensar que luego de haber
destruido a la Alemania Nazi y al régimen
comunista estalinista en la Unión Soviética,
queramos volver al pasado y jugar a los
dados el juego de soldados.

A través de los años cosas nuevas van creando,
producidas en misterio; químicos tóxicos, agentes
cancerígenos y virus venenosos. Para no ofender
a la población global dominante, primero
experimentan con los no privilegiados.

Prueban sus brebajes en el continente negro, África;
luego, para que no los llamen discriminadores, riegan
todos sus polvos sobre los indios de la India, no los
americanos nativos; para ellos fue escrita otra
historia.

Pobreza, muerte y desnutrición es el destino de
esta pobre gente pobre; los que sobrevivan a tan
malvada mezquindad, con sus espíritus
aprisionados, nunca sabrán que fueron escogidos
como prenda de sacrificio para los dioses ufanos.

Los poderosos que crearon su sistema social,
aliados a sistemas económicos de explotar a los
demás, gastarán millones para sostener ejércitos
inhumanos y señores de la guerra que se encarguen
de aniquilar a los valientes que se subleven.

Es la triste realidad de la gente pobre que intenta
desarrollarse en países subdesarrollados. Para los
ricos, la pandemia no es ningún problema; ellos
poseen el noventa por ciento, o más, de las riquezas
del mundo.

Un virus más, un virus menos, ¡qué más da! El que
creó el primer virus de computadora, ya había creado
el antivirus, ¡negocio redondo! A los ricos no les
da Covid-19. Si muere uno que otro, eso es lo de menos.
El virus está aquí, el antivirus, ¡apostemos todos en la bolsa!

El virus ¡agenda para acabar con los pobres y los
trabajadores de las viejas generaciones! ¡Pobre raza humana!
¡Pobre gente trabajadora! Ya hemos perdido la moral, todos
encaminados al más profundo colapso social. A nosotros
sí nos da Covid-19, nuevo holocausto generacional.

Sabandija virulenta

Sabandija virulenta, a ti te recordaremos.
Cuando había más alegría en el mundo,
viniste a torcerlo todo. Trajiste tristeza
y lloro. Te metiste en los asilos de ancianos
a cometer crímenes de guerra, quisiste
exterminar a los que tenían la inteligencia
de hombres y mujeres libres que sacrificaron
sus noches y días para darle libertad a las
nuevas generaciones, que la desperdician
como si fuera un derecho hacerlo.
Invento alquímico, meticulosamente diseñado
por algún científico loco bien remunerado;
incansables horas de trabajo hasta que vino
el momento esperado: ¡EUREKA! ¡Diabólico
milagro! ¿Qué etiqueta le pondrán al nuevo
bebé? ¡Covibaby lo llamarán! ¡No!, creo que suena
muy cursi. Covid-19 suena más elegante y serio,
científico. ¡Perfecto! Volará por los aires como
la novicia voladora. No necesita la capa roja
del Superhombre, ni la capa negra del Hombre-
Murciélago; las espinas de su corona lo desplazarán.
Los muy engreídos dicen que es un parásito más,
los medios noticiosos dicen que hay que pararlo
ya. A la gente le cuesta respirar cuando la
sabandija virulenta los viene a visitar. Los
expertos nacionales y extranjeros, aquéllos
que son pagados por el mejor postor, dicen
que el virus viene a matar sin orden y sin
respeto. A uno toca, al otro ahoga; el despido
nos agobia, a todos le hacen la fosa; a ninguno
le hacen la autopsia. Todo es como un circo
donde los payasos ríen para el gran espectáculo,
sin saber que por dentro lloran. ¿Por qué no me

dejan ver a mi viejo? ¿Por qué no le hacen la
autopsia? ¿Es todo este show la nueva conspiración,
donde se aplica la eutanasia obligatoria para reducir
la población más anciana? ¿Reciclarán sus cadáveres
para convertirlos en sabrosas y nutritivas galletitas
de soja y lenteja para dar de comer a un mundo
sobrepoblado? ¡Hambruna o eutanasia, esa es la
pregunta! El término de la vida expiró, mueren de
hambre dos millones de niños en Biafra; decapitan
a cuatrocientos mil cristianos en Nigeria y mueren
doscientos mil viejitos en mi tierra a causa
de la plaga, en el nombre de los adelantos de
la ciencia.

Toque de queda

Vivimos durante los meses de
toque de queda. El gobierno dice
que no puede más, yo les digo que
es algo ilegal. Se está haciendo tarde
pero, ¿tarde para qué? Los gobiernos
sospechaban que una guerra civil o una
revolución mundial podría ocurrir. El
mundo está en llamas, los países están
fuera de control. Hace falta el toque de
queda para controlarlos a todos, o los
gobiernos tendrán que comerse el marrón.
La inmigración ilegal, los desempleados,
los colegiales desplazados, los indigentes,
los truhanes, los millennials, la generación Z,
todo se ha convertido en algo monstruoso para
aquéllos que ven el mundo con otros ojos.
Golpes de estado siniestros se planean en la
clandestinidad, políticos, militares, religiosos
y empresariales, todos son parte de este
gran complot mundial. El estado de alerta
resuena, el toque de queda se queda. Se hizo
el mundo nada, ahora es tan sólo una
sociedad enmascarada. Nadie sabe quién
es quién, los nobles y la jerarquía, siempre
escuchando las recomendaciones. Los
derechos humanos son violados, los
números del Covid-19 han sido manipulados.
Pero nada importa, el toque de queda se queda.
La gente cree tener derechos, pero eso ya
se acabó; si no llevas mascarilla, tu libertad
te van a coartar. No importa si tienes asma,
o si no puedes respirar; si te da ansiedad y
en las noches no puedes dormir, antidepresivos

debes pedir. No es solamente tu vida, piensa
en los demás; si no respetas las nuevas leyes,
el toque de queda se queda. Pero ¡no es así,
señores! No podemos seguir viviendo como
pueblo angustiado. Sabemos que hay muchos
daños colaterales y los peces gordos ganando
gran pasta con esta farsa. Llevan al planeta
a la destrucción segura, ya han creado a
la generación ALFA; ésa, a la que piensan
transhumanizar, a la que piensan inmunizar
creando un culto a la singularidad, dándoles una
robótica inmortalidad digital. El humanoidismo
acaba de empezar, por eso, señores míos, el toque
de queda debe terminar.

Pandemia o Plandemia

Se dice que estamos librando una de las peores
pandemias de todos los tiempos, la pandemia triunfal.
Otros rezan para que no surja la pandemia bidentina,
la cual es muy probable que pueda reventar. La historia
nos confirma que la pandemia de la politiquería ha sido
la peor pandemia, o plandemia, de todos los momentos
históricos que hemos vivido; aunque no mata a tanta
gente, pero los vuelve idiotas. Crea conflictos familiares
y laborales, viene en dos variantes en nuestros pueblos
que viven en "libertad"; los virus, o son rojos, o son
azules. A veces, aparece una terrible mutación de color
verde; para ése, ya tenemos vacunación: una larga
temporada en la Florida acaba con todos los síntomas
del corazón, las personas quedan como nuevas. Varios
de los síntomas fisiológicos son: ciega a las personas,
les da sordera y por la boca sale buchipluma na' ma'.
El amor y el cariño se acaban entre las personas, todo se
convierte en un ambiente de lucha cada cuatro años;
la gente entra en convulsiones enigmáticas, hay
que llamar a doña Chencha y a don Anacleto, para
que espanten a todos esos diablos. Estos dos males
espirituales, atraviesan fronteras mortales. Hasta ahora
no se ha descubierto una cura, o una vacuna, para
acabar con estos dos virus anormales. Es misterioso
y espantoso ver cuando esa gente se arrancan las greñas,
cuando se agarran a bofetones; hasta los pantis campean
por tantas confusiones. Es una lástima ver a tanta gente
padeciendo de este terrible mal. Es tan grande este mal
que hasta destruye matrimonios. A veces, dicen los que
saben, la naturaleza se encarga de transformar a las
sociedades, creando virus naturales; a veces interviene
la mano humana para crear virus artificiales. "El que
tenga oídos para oír, que oiga", "el que tenga ojos para ver,

que vea". Los teóricos de conspiración nos dicen que el
coronavirus es uno de esos, creado en un laboratorio,
tal vez en otra localidad y llevado a China con el
propósito de crear una Tercera Guerra Mundial biológica
y dañar una presidencia estorbosa. China tuvo que
responder con actos de represalias, creando un escenario
para reducir la población humana; algunos se decepcionan
al ver que todavía no hay veintenas de millones de muertos.
¡Hay que traer la dictadura mundial a toda costa!
Ciertamente, el Covid-19 cambiará el curso de la historia.
Indudablemente, el SIDA acabó con la Unión Soviética,
indirectamente; ese era el plan original. Los "expertos"
afirman que vino de un animal, que tal vez de un mono;
pero se les escapó del laboratorio y atacó a una comunidad
muy especial entre los seres humanos. Dicha pandemia
asesinó a más de 35 millones de almas. Los ignorantes
dicen que fue castigo divino, otros afirman que fue una
mano criminal. Ya las personas no podían juntarse, por
miedo a la contaminación; los fluidos corporales eran las
vías de transmisión. El experimento de la separación de
vidas humanas, ya había comenzado; a éste, seguiría
el experimento del Covid-19. Masas mundiales en
estado de alerta, todos en confinación; el aire es la
vía de transmisión, ahora dicen que los asintomáticos,
los que no mostramos síntomas, cuando respiramos,
contaminamos. Llegará el día en que nos obliguen
a no respirar, si no obedecemos, seremos fusilados.
El plan está trazado para ausentarnos del planeta,
se levantarán los hijos contra los padres y los
entregarán a los vacunadores criminales; y los
padres, a los hijos, traicionarán. ¡Adiós, inteligencias
de los hombres! ¡Hasta aquí ha llegado nuestra hora!
Si no es de coronavirus, ¿de qué hacen morir a la gente?
Los religiosos afirman que es posible que haya comenzado
el Rapto; el Arrebatamiento, del cual habla la Biblia; los
gobiernos, sabiendo que les llega la hora de pagar por sus

faltas y crímenes, han creado esta farsa del Covid-19 para ocultar que lo escrito en Apocalipsis está ocurriendo ya; deben alejar a la gente de las creencias para que todos se sometan a las nuevas leyes del Nuevo Orden Mundial.

Acróstico de los confinados

Como un golpe de gracia, creó el coronavirus una etapa
    doliente; es muy triste ver cómo sufre mi gente.
Ordenó, el malvado, a toda la gente, que se pusieran
    bozales como los canes de los hogares.
No aceptó excusas de los amigos ni familiares, la gente
    comenzaba a vivir encerrados eternamente.
Fueron muchos los enclaustrados, la libertad del ser
    humano se había extraviado.
Inútil fue querer amotinarse, las fuerzas militares acababan
    con las ideas liberales.
No hizo nada el gobierno para proteger a sus ciudadanos,
    era parte del plan de los especuladores cogerse a la gente.
A todos nos han infectado deliberadamente con ese simbólico
    hisopo de algodón contraproducente.
Dios ve todo lo que pasa, hasta el último pelo de tu cabeza
    reconoce.
Ordenará a sus Huestes Celestiales que hieran a los
    conspiradores a filo de espada.
Saquemos fuerzas de donde no haya y derrotemos al enemigo
    que amenaza la vida sana.

¡A lavarse las manos como Poncio Pilatos!

Hombres y mujeres de la tierra
somos entregados como lo fue
el Gran Profeta, el Hijo de Dios
Encarnado. Somos presentados
como "ECCE HOMO" a las
huestes virulentas malévolas
que rondan por la atmósfera.
Todavía cree la gente que todas
estas cosas suceden por coincidencia.
Todos los buitres gubernamentales,
vampiros especuladores, tasadores
de nuestras vidas, nos tienden
una trampa maquiavélica de la que
no podemos escapar; han destruido
nuestra naturaleza y, junto con
ella, nos quieren arrastrar. Se
hacen los locos, como si la cosa
no fuera con ellos. Muchos de
ellos comentan, con todo un
corte cortesano: "¡Hay que
lavarse las manos como Poncio
Pilatos!" No saben nada, no dicen
nada, no hacen nada. La hermosa
obra del Creador, a la que algunos
conocen como "Madre Naturaleza",
ha sido mutilada criminalmente. Y
dice la gente que no puede hacer
nada contra el peligro que amenaza
la vida humana; eso no los exime de
toda culpa, eso los convierte en
colaboradores de esta terrible
cruzada mundana. La intriga morbosa
retuerce la vida, enmudece la alegría,

enfría el corazón. Millones de vidas
van al matadero de los hospitales y
los asilos de ancianos. Los globalistas,
creyéndose dioses de los cielos, fingiendo
un casto apostolado, predican la paz del
Señor, con la cruz en la mano izquierda
y la espada en la derecha, obligándonos
a convertirnos en mansos ciervos ciegos
y mudos. Devoran la medicina de los
bosques para vendernos remedios
industriales. Ven cómo corre sangre humana
allá en Australia, Inglaterra y el Sur de África;
sangre cultural de civilizaciones milenarias:
China, Italia, el Medio Oriente y España.
Sangre inocente y humilde de tierras nuevas:
América del Sur, América Central, el Caribe,
Méjico, Canadá y el país de la fantasía.
Nos hacen creer que con mascarillas,
confinamientos y vacunas de la Cochinchina
nos vamos a mejorar, pero es muy tarde ya;
la sangre, que es la vida, ya ha humedecido el
suelo y corrompido el aire; nuestra vida late,
el hacha demoledora de los culpables ya ha
caído sobre nuestras cabezas. Ellos solamente
repiten: "¡A lavarse las manos como Poncio
Pilatos!" La materia humana ha sido vencida,
las bestias de las altas esferas celestes, con
su maquinaria funesta, con los medios de
comunicación falseadores de verdades, con
sus agendas venenosas, turbaron la tranquilidad
de las grandes masas globales. No hay que hacer
nada, debemos acatar las leyes del nuevo destino
mundial, la nueva normalidad, con todas las
consecuencias fatales, que tracen nuestro nuevo
camino. No más gritos, no más quejas; la humanidad
entera peligra y clama, los privilegiados del mundo

oculto seguirán saboreando la opulencia y disfrutando en interminables francachelas privadas.

Ya van once meses

Ya van once meses
desde que empezó esta
tiranía, más atropellos
contra la gente se ven
cada día. La situación
se vuelve más caótica,
ya no puedo respirar con
esta mascarilla. Dicen que
esta pandemia puede durar
hasta 42 meses, lo siento, pero
hay un gobierno que no sabe
lo que hace; ha sido peor
que el Huracán San Ciriaco,
de 1899, que azotó a la Isla
del Encanto un año después
de la invasión norteamericana
de 1898, durante la Guerra
Hispano-Americana.
Ahora libramos otra guerra, tal
vez, la Tercera Guerra Mundial
biológica, una que ha traído
miseria, desolación y ruina.
Todos por igual, el planeta
entero, vivimos el destino de
la fatalidad; muy consternados,
por el maltrato de este horrible
virus infernal, dicen, producto
de un laboratorio diabólico.
La reconstrucción de nuestras
vidas ha sido lenta y molesta,
al menos, no luchamos contra
el sarampión ni la viruela; esos
dos, sí que mataron a más de 200

millones de personas. Este
virus fatal, creado en el país
de la fantasía, o en la Cochinchina,
armada para la Tercera Guerra
Mundial, para destruir una
presidencia, o para reducir a
la humanidad entera, ha
incrementado otras dos
pandemias de las que nadie
se entera: los pobres que mueren
de hambre y las personas que
pierden sus empleos; los medios
corporativos de las comunicaciones
planetarias, junto con la financiación
de la aristocracia globalista que
vaga por toda la esfera terráquea
a rienda suelta, crean medios
informativos propagandísticos,
tal como hiciera una vez Adolfo
Hitler, para manipular a las masas,
tergiversar la verdad y encubrir
el fraude, la corrupción y la
inmoralidad a la que hemos sido
expuestos por cientos de años.
Hay una realidad que no podemos
ocultar: la gente fornica por doquier;
los países subdesarrollados, de
acuerdo a las encuestas internacionales,
tergiversadoras y manipuladoras de la
realidad, producen más humanos que
alimentos; ya somos casi nueve
billones de almas en este planeta
decadente. En realidad, existen
alimentos suficientes en el
mundo para alimentar a toda la
Tierra si el hombre elitista no aspirase

a obtener ganancias sangrientas
para sí y su familia. Cada día, más de
un billón de seres humanos se van a
la cama sin haber probado bocado,
gente que, tal vez, le queden unos
días de vida; pero ¡no importa!
El mundo se repoblará una vez más
gracias a las nuevas fornicaciones
que producirán un nuevo grupo de
huérfanos y hambrientos que sustituirán
a aquéllos que ya se fueron por no
tener un bocado de comida para pasar
un nuevo día. Esto no es cosa de once
meses solamente, esto es un problema
desde que el mundo es mundo; no
podemos echarle la culpa al "climate change"
del que hablan los "expertos", los
especuladores saben cómo sacarle
provecho a las calamidades humanas,
pisoteando a la gente. El hambre,
una de la peores pandemias de la
que nadie habla, a la que nadie le
interesa, a la que nadie está sujeto
a padecer en los países desarrollados,
destroza billones de vidas cada día.
Ya van once meses de invasión a
nuestros hogares, ocupación violenta
sin ser deseada; ruinas económicas,
encierros forzados, cuarentenas
obligatorias, persecuciones a toda costa;
mascarillas multicolores y sanciones
penales en las cortes. ¡2020! ¡Año
pandémico! La Madre Tierra, como
la llaman muchos, se sintió ofendida
por los hombres rudos que traen
fraude y corrupción a la Tierra;

los que maltratan la pobreza y
están llenos de acciones perversas.
El país de la fantasía, gobernado
tiránicamente por un agente naranja,
inepto entre las masas humanas,
sufre las consecuencias de una
pandemia orquestada, creando
una nueva pandemia no deseada
en la tierra de los libres; millones
y millones de personas sufren
hambre en la tierra de los Padres
Fundadores de los Estados Unidos.
No es solamente padecer de hambre
en la nación "más rica" del mundo,
sino el no poder satisfacer las más
urgentes necesidades y garantías
humanas en el país que se supone
sea el líder número uno en el mundo.
Ya van once meses y la miseria se
enseñorea en todas las ciudades.
Los ricos y sus secretas sociedades,
dueños de propiedades cultivables,
no son tocados por estos instrumentos
del mal; para ellos, el problema del
planeta Tierra es la propagación del
género humano, nosotros somos la
plaga que hay que erradicar por
cualquier medio. Para ellos,
nosotros somos el virus y el
coronavirus es el medicamento.

Acróstico de la cuarentena

Cuidado con lo que se acerca, creadores de la falsa pandemia
proponen sustituir la mano laboral humana con la fuerza
laboral cibernética no asalariada; el coronavirus es
solamente una excusa.

Un pueblo somos, un pueblo humano. Al parecer estos no son
cuentos de hadas; nosotros encerrados, desempleados, y
los Cyborgs trabajando, sin cobrar salario.

Algo no huele bien aquí, vivimos, no sé cómo; se acerca el
empuje evolutivo, los humanos no somos parte del
teorema; la transmutación genética ya está a la vuelta
de la esquina.

Reos voluntarios fuimos en nuestros hogares desde antes de
la falsa pandemia, el contacto físico se volvió virtual
desde el momento en que hicimos un millón de amigos en
el teléfono celular. Hace ya tres décadas que vivimos
en cuarentena.

Estamos estacionados en el estacionamiento del olvido, con
cuidado analizo alternativas. ¿Qué beneficio trae todo
esto? Encerrado, enmascarado, abusado, amedrentado;
tal vez, pronto, fusilado. Se ha vencido el plazo de la
vida. ¡A saber si el coronavirus tiene bacterias cibernéticas!
¿Cómo escapar de los drones, los robots y de los soldados
vacunados con implantes sobrenaturales?

No dudemos ni un minuto más, no me voy a vacunar. Las pruebas que le hicieron a los demás, todos daban positivo; es la mejor forma de engañar para tener a todo un pueblo cautivo, no me voy a convertir en un avatar de las corporaciones y las farmacéuticas; rehúso ser un virus más dentro de este laboratorio llamado "planeta Tierra". Ya ha sido suficiente el daño perpetrado contra la gente pobre en los países que nunca estuvieron en desarrollo fueron paralizados en el tiempo; nunca progresaron, nunca se desarrollaron.

Tendremos que resistir, tendremos que pelear; tendremos que destruir, tendremos que arrancar lo podrido. Las estratagemas de los privilegiados, profanadores de la vida humana, queriendo mantener la cobertura de una vacunación obligatoria, bajo la excusa de implementar avances científicos a nivel global, introduciendo su ponzoña infernal, deberán confesar todos sus pecados a todas las naciones, todas sus conspiraciones, todos sus salvajismos apocalípticos, en el nombre de los derechos de los seres humanos; en especial, aquellos hermanos de África, de India, de Paquistán, de China, de Latinoamérica, de Asia del Este, de los aborígenes de Australia, de Indonesia, de las Islas del Pacifico, etc. Llegará nuestro día para edificar, para curar, para reír, para bailar; nuestro día para abrazar, para trabajar, para guardar, para hablar, para agradecer y para amar serán la recompensa, regalo divino de nuestro Creador.

En nanosegundos se mide la vida ahora, todo parecía muy bonito cuando esas cosas de ciencia-ficción las mirábamos en las películas de televisión. Ahora, no sé de dónde vengo ni hacia dónde voy; los días se tornan más tristes, vagamos solos en un mundo que se desvanece. Lo que nos está sucediendo, no hay nadie que pueda pisar el freno.

No se rindan, todos debemos luchar. Pronto será nuestra gloria, no la dejemos pasar. Digamos, todos a la vez, "¡Alto coronavirus!", aquí no te queremos ver.

Aferrados estamos a la vida, no creemos en máquinas torturadoras; las vacunas cibernéticas, entre ellas. No vamos a permitir que la obra de Dios sea alterada, nuestro ADN no dejaremos que la nanotecnología lo altere. Ya nosotros SOMOS, no comenzaremos desde cero, con nuestras mentes llenas de nanobots, como quiere el maquiavélico reino de las tinieblas. LIBRES fuimos creados por Mano Divina, no nos convirtieron en esclavos obedientes de una disciplina absurda, una cuarentena eterna. Es tiempo de luchar, hermanos.

Acróstico del virus

Viniste a quererte quedar, carnívoro lobo venenoso; siempre
acechando a la presa para poder infligirle muerte en la
casa, en las residencias geriátricas, y en los hospitales.

Invitaste a la reina eutanasia para que fuera tu fiel aliada,
ahora valen más los dólares que la vida de nuestros
ancianos amados.

Resistamos, todos, el acoso terrorista de los globalistas que
nos tratan como borregos y ratas blancas de laboratorio.

Unamos nuestras fuerzas contra la siniestra oscuridad que
están infundiendo los perversos vampiros farmacólogos
que con nosotros quieren acabar, creando histerias
colectivas y estados frenopáticos en los niños que están
enclaustrados en sus hogares.

Seamos viriles para la defensa de nuestros chiquillos y nuestros
ancianos. Los que oprimen los derechos de los seres
humanos, esos de las castas feudales, aquéllos que dicen
que no somos aptos para autogobernarnos. Esos agentes de
los holocaustos de la vida, los que llevan a los pueblos al
suicidio colectivo, afrontarán la embestida de un toro
valedero, de un pueblo todo unido, hombres portadores de
grandes esperanzas, que quieren dirigir su propio destino.

Ciencia-Ficción

¿Estará soñando?

Sus ojos estaban deslumbrantes. Hacía
cuatro años que no salía de su casa,
encerrado, temeroso, solitario.
¿Estará soñando? No esperaba ver lo
que sus ojos veían. Se abofeteó para
ver si estaba dormido. Todo estaba
sereno, todo estaba limpio; el aire puro
acariciaba sus pulmones atrofiados.
Lo más extraño fue no ver humanos
en las calles. "¿Dónde estarán todos?"
—se preguntaba.

El hombre deambuló, todo desconcertado
y aturdido. "¿Dónde estarían sus amigos?
¿Dónde se habrán metido?», mortificaba
su mente. Todos se habían alejado. Le rodeaba
el sonido de las aves aleteando sus alas,
allá a lo lejos, adonde no podía verlas. No
había perros ni gatos por las aceras
caminando a sus amos gozosamente.
Quisiera gritar, pero no se recuerda
cómo hacerlo. Con el confinamiento
se olvidó de que podía hablar.
Times Square estaba desierto, caminó a la
42nd Street, ¡ni un alma en pena! Todos los
rectángulos que llegaban al cielo, con sus
majestuosos ventanales, reflejaban la luz
del medio día. No se escuchan los frenazos
de los taxis amarillos en las calles diáfanas
de la gran manzana, ni los gritos de los niños
o los vendedores de comida ambulante, todos
extranjeros, que lanzaban gritos al aire:
"Hotdogs! We have da' best hotdogs in town!"

"Gimme a hotdog and a Coke" —pensaba.

Siempre pedía lo mismo cuando llegaba
a la esquina de la calle 42 con la Sexta Avenida;
esta vez escaseaban los olores gastronómicos
de su esquina favorita. Se acuerda muy bien
cómo era la calle 42 y Times Square en los
años sesenta, setenta y, un poquito, en los
años ochenta: todo un burdel controlado
por la mafia y custodiado por la policía
corrupta de aquellos entonces; el LSD,
la heroína, la coca y la marihuana eran el
alimento del día, para pobres como para ricos.

Dio un giro controversial y se dirigió hacia
Central Park con la mente casi en blanco.
El sol de medio día lo bañaba mientras caminaba
a todo lo largo de la sexta avenida. Todos los
negocios estaban tranquilamente cerrados
"¿Estaremos en shutdown todavía?", —decía
para sus adentros. Una vez llegó a la calle 59,
perdió el control de sí mismo; una muralla de
cristal, fugitiva, llegaba hasta el cielo. Miró
hacia la izquierda, hacia la octava avenida,
y todo era lo mismo. "¡Qué horror!" —pensó.

La naturaleza había desaparecido.
La consternación comenzaba a retorcerle
la química del cerebro. Caminó a todo lo
largo de la octava avenida hasta llegar a la
110th Street; no había ninguna puerta furtiva
por la cual pudiese entrar al parque. No se
divisaba el Heckscher Ballfields ni el
Strawberry Fields, inmortalizado por John
Lennon. The Reservoir se había evaporado,
el hueco era profundo. El Safari Playground y

el Wild West Playground carecían de niños.
Una neblina azulada impregnaba el vacio
rectangular. De repente, destellos fugaces
se movían como pelotas en una mesa de billar.
—¿Qué es todo eso? —gritó a toda voz.
Una amable llovizna acarició el interior de
la jaula transparente. Luces multicolores
impregnaban las gotas que besaban la niebla.
Se acercó, sigilosamente, al cristal frío; le
pareció que algo se movía dentro de la burbuja
cuadriculada. Estaba confundido. Apretó
los puños y comenzó a golpear y a maltratar
el cristal duro y sombrío.

Caminó de arriba para abajo a través de la
octava avenida y las cosas que se movían en
el interior del encierro de vidrio comenzaron
a arremolinarse delante de él. Se golpeaban
unos a otros, despiadadamente. Se detuvo,
miraba de reojo, tenía miedo de mirar dichas
presencias cara a cara; no eran hombres, o, sí
lo eran. Mientras caminaba, las efímeras
presencias se pegaban al cristal mortífero.
El espacio era estrecho entre los seres vivientes,
sí, lo eran. Eran seres vivientes carentes de rasgos
faciales. Deseaban morder el cristal infernal pero
carecían de bocas. No tenían labios, las mejillas
se ausentaban, las sonrisas escaseaban. Era
imposible distinguir orificios para el libre acceso
del oxigeno en sus cuerpos. Sus caras no eran caras.
Las mascarillas, los bozales que habían tenido
puestos sobre sus hermosas caras, se habían vuelto
solemnemente subcutáneos; todos eran iguales, no
podían hablar; emitían unos sonidos ininteligibles.
Se propinaban laceraciones rápidas, otras lentas;
los gemidos eran constantes y semejantes. No se

distingue lo que es masculino de lo que es femenino.
"Quiero despertar de esta pesadilla." —pensaba.
Es el año 2025, ya no hay esperanza, todos son
iguales.

Ya no hay trabajo, todos disfrutan del mismo
aire en la gran pecera humana. No hay gobierno,
no hay impuestos. No hay más plagas en la Tierra.
No hay más rencores, ni avaricias, todos son
iguales. Ya no hay bailes, no hay abrazos, ya no
hay besos; todos emitiendo sonidos sintetizados
semejantes, ininteligibles a su propia existencia.
Todo está en calma en este lado de la vitrina.
Sus pulmones atrofiados volvían a adquirir la
habilidad de respirar, el sonido de las aves,
aleteando sus alas, regresaba a acariciar sus
oídos. La masa amorfa se aglomeraba al unísono
para ver el espectáculo más grande del mundo: el
hombre. Esos seres esperpénticos, masacrados por
las restricciones antivirales del año 2020,
carecían de espíritu, de sombra, de personalidad.

—¡Es un sueño! ¿Qué otra cosa podía ser?—se
preguntaba.
No puede ser que él sea el último hombre sobre
la Tierra. ¿Adónde se había metido su querida
esposa? ¿Adónde se habrá mudado su amado hijo?
Nunca había pensado en su grande y fantasiosa
imaginación, que lo que había sucedido en el planeta
ya lo había anticipado como si fuera un profeta
de antaño. Todo su ser estaba acelerado, su calma
se había mudado de dimensión. Su limitada mente
estaba haciendo un enorme esfuerzo por concebir
la idea fatídica de que ya todo había terminado.
Todos los seres comenzaron a marcharse a algún
lugar no designado. Dos siluetas quedaron chupadas

al cristal. Trataban de penetrar el vidrio, no tuvieron
éxito. Los dos seres quedaron petrificados en el
cristal. Escuché una voz que parecía decir: "Dad".

Dicen que vieron a Hitler por ahí

Dicen que vieron a Hitler por ahí, eso
no lo sé; digo lo que me dijeron. Dicen
que no lo mataron, ni lo quemaron, como
nos hicieron creer. Había que sacarlo de
Alemania, el tipo era muy valioso para todos
esos codiciosos. Que se lo llevaron para la
Argentina con otros científicos maliciosos.
Dicen que los primeros días navegaba en un
submarino en los fiordos de la Patagonia;
fingía una sonrisa sarcástica mientras bebía
mate de una calabaza argentina; chupaba el
mate a toda prisa, usando una bombilla de oro
judío, fundido en Valparaíso, Chile. Allá,
en el horizonte, lo había divisado un pescador
cuando ascendía del fondo del agua, un
extraño animal acuático que se parecía a
la ballena que se tragó a Jonás. ¡Qué serenidad
tenía el hombre que salió del ombligo de la
ballena de hierro! ¡Parecía un alumbramiento
perfecto! Unos señores de Washington, D.C.,
le habían facilitado la travesía. Afirman,
los que lo conocieron, que lo habían puesto
en el Programa de Protección de Testigos,
o como dicen los gringos: "The Witness
Protection Program". Nadie lo vio
jamás con Eva, la que era su esposa; no
sabemos de la otra. Todo parecía un sueño
de ciencia-ficción, pero hay que prestarle mucho
oído a la tradición. Los magnates del dinero
de Wall Street estaban muy interesados en
los experimentos de clonación que se llevaban
a cabo en Berlín. También, había un regimiento
de científicos que laboraban con experimentos

de manipulación genética y virus que
usarían en guerras biológicas con el propósito
de reducir, a la nada, varias razas no arias del
planeta: judíos, musulmanes, indios, asiáticos,
indígenas e hispanos. Dicen que los experimentos de
clonación continuaron y que fueron muy
exitosos; él mismo, Hitler, se había clonado
hasta cuatro veces. Los cuatro Hitlercitos nacieron
muy bonitos, todos aprendieron el castellano y
también a hablar lunfardo. Casi treinta
idiomas hablan los clones, todo es parte
del plan siniestro; un clon, un dictador,
un dios para cada uno de los puntos cardinales
de la Tierra. Allá, por el año 1960, alguien
lo reconoció. Estaba en La Boca, trataba de
pintar su propia versión de La Maja, la de Francisco
de Goya, desnuda, con un toque especial del
arte de Andy Warhol; en esta versión mostraba
un horrible bozal en la cara de la mujer. ¡Quién
sabe lo que significaría el bozal! Es mucha
coincidencia pero dicen que estuvo Adolfo en
Vietma celebrando en una gran parrillada,
bailando una milonga sabrosona y comiendo
dos o tres empanadas; era el veintidós de noviembre
del año 1963, parecía que estaban celebrando algo
importante: este día marcaba el conteo final para el
año 2023, el gran reinicio planetario se acercaba.

Los fantasmas de la pandemia

No habrá decreto de amnistía
para los que se han enclaustrado
y no se vacunaron. Será un milagro
del Cielo el día en que recobren la
libertad los hombres, si es que
todavía existe la sociedad adánica.
Se acercaba el fin de la era de los
humanos. Tan sólo nos recordarán
como los fantasmas de la pandemia,
los que pudimos escondernos en
trincheras para no ser pinchados.
La revista TIMES publicó, el 21 de
febrero del 2011, el tema: "2045
The year Man Becomes Immortal",
escrito por Lev Grossman. Parece
que ya se había recreado el escenario
para que ocurrieran las últimas siete
plagas bíblicas comenzando
en el año 2020. El tema de la
inmortalidad cibernética de Grossman
no sonaba nada mal. Estábamos siendo
acondicionados para que aceptáramos la
nueva realidad, la nueva normalidad.

¿Deberemos resignarnos a la idea de
que ya no nos hace falta un Salvador,
Jesús de Nazaret? ¡De ninguna manera!
La inmortalidad espiritual nada tiene que
ver con la inmortalidad cerebral. Pero,
¿por qué no transferir el alma de
un ser moribundo a un nuevo carruaje?
A una máquina indestructible e inmortal.
Será muy novedoso ver a nuestros hijos y

nietos—¡bueno! ¡ya no estaremos!—
conectados a circuitos y transistores
que dictaminen la manera en que
vivirán en un mundo nuevo, alienígena,
sin oxígeno, sin agua, lleno de los
fantasmas de la pandemia; nosotros
solamente seremos un espejismo
de lo que Dios había creado bueno
y perfecto.
Ya no existen recuerdos placenteros
del pasado. Las experiencias tristes
y duras de la vida, ¿qué son? La tierra
mojada, las canciones infantiles,
¿adónde se han ido? Libertad,
democracia, ¿qué palabras absurdas
son esas? Los barcos de guerra, las
demoliciones, las bombas nucleares
y los virus mortales, ¡pura imaginación!
Pero, ¿qué han hecho? ¿Dónde está la
vida? ¿Ha ocurrido el Rapto? Recuerdo
al que dijo: "Yo soy el camino, la verdad
y la vida; nadie va al Padre sino por mí".
La vida ha sido efímera, recuerdos...
recuerdos...
Hubo procesos bioquímicos que crearon
modificaciones químicas en el ADN de
los humanos luego de ser vacunados contra
un virus...no me acuerdo de su nombre...que
atacó al planeta en el año 2020.
Quedaron 500 millones de personas en
el planeta, creo que era el año 2035;
el 98 por ciento de ellos eran los
gobernantes, los reyes, los emperadores,
los traficantes, los billonarios del mundo;
un dos por ciento fueron los que tuvieron
la suerte de ser escogidos para ser partícipes

de la vida eterna cibernética. Las armas de
pulso electromagnético habían destruido
todas las fuentes de comunicación que
existían en el planeta; la fertilidad de las
mujeres se había esfumado. Los fantasmas
de la pandemia, aquellos que vivimos 15 años
escondidos en túneles, cuevas y edificios
destruidos, tuvimos que recurrir a la
ingeniería clónica para poder alimentarnos;
no había vida en el planeta, solamente
máquinas terrestres y voladoras, con misiles
por todos lados, y los 500 millones de
humanos que estaban conectados a una súper
computadora inteligente que los alimentaba
con sustancias tóxicas. Era la sociedad
perfecta de acuerdo a los historiadores y
antropólogos. La inteligencia cibernética
aparentaba ser superior a la creada por Dios.
Los fantasmas de la pandemia sabíamos que
nada superaría la inteligencia y grandeza de
Dios, ¡Creador de creadores! Los fantasmas
de la pandemia permanecimos escondidos
hasta el día en que se cumplieron las Palabras
de las que habían hablado los profetas.

Políticos

Gobiernos del mundo

Nos prometieron justicia y protección
los grandes gobiernos del mundo, pero
nos sometieron con el miedo y con amenazas.
Traspasaron las paredes de nuestra lealtad,
y nos volvieron ciegos, débiles, temerosos.
Nos separaron y nos prohibieron unirnos.

Los derechos de ciudadanos y de humanos,
todo se fue al pozo. Somos hijos de ramera
ante sus ojos. La partidocracia se une,
como camaradas en la Plaza Roja, y nos
convierten en enemigos del estado.
¡Acabemos con todos ellos! —dicen a gritos.

Lo que se permitía, ya no se permite;
lo que te apetecía, ya no lo disfrutas.
Lo que buscabas, ya no lo encuentras.
Vivimos desvividos por la vida.
El veneno con el que nos alimentan
es fétido manjar que nos mata el alma.

Ya no somos

¡Qué injusta y traicionera es la vida!
Andar por caminos rectos y claros
se ha convertido en delito. ¡Animales somos!
¡Somos enemigos del estado!
No queremos vacunarnos. ¡Somos humanos!
No somos ovejas, al menos eso creía en el
pasado. Estamos vivos sin estar vivos.

Vivir decentemente, ese no es nuestro destino;
tener un trabajo bien pago, nada de eso.
Ahora somos esclavos, no seres metafísicos.
Ya no es como Dios manda sino como
manda el estado. Lo que era blanco,
ahora es negro; lo que era limpio,
ahora es sucio.

Si quieres ir de paseo, sin bozal no sales;
tal vez muerdas, imprevistamente, a otro humano.
Tal vez lo contagies con la rabia covidona,
ésa, para la cual, aún no hay vacuna; eso dicen.
Tendrás que explicarle al gendarme,
por qué no llevas tu bozal; es una multa de $200.
En tu agonía reclamarás, perdón, perdón.

Holocausto perverso

He comprendido perfectamente las angustias
de la humanidad. Las más terribles injusticias
siempre han venido de poderes públicos. Hasta
Jesús, que era noble y justo, sufrió los escarnios
de manos de una Roma bruta. He vivido tanto
tiempo para ver los terribles males que nos azotan.
Quisiera ser realista y aceptar las cosas tal como son.
Pero no puedo ser conformista, a veces hay que
confrontar a la autoridad; pienso, eso sería llegar a la
anarquía, tal vez lo pasaríamos peor. La vida es
un padecer. No quiero vivir en un mundo que es
pura flama. Allá, en Europa, un grupo quería la
perfecta ordenación y crearon la logística nefasta
para la postrera exterminación. Seis millones de
almas perfectas ya no tenían que preocuparse del
más allá. Los apresaron, los despojaron, les robaron,
los midieron, los desnudaron, los marcaron, los llevaron
en trenes, a las mujeres y a las niñas, las violaron;
los asfixiaron y los quemaron. Los más afortunados,
fueron fusilados. Allá en China, para la misma época,
los japoneses mataron a unos 50 millones de almas
laboriosas. Allá en Rusia, después de llegar a ciertos
acuerdos con los aliados, también mataron a 50 millones
de almas modestas. Tal vez los números sean aproximados,
es que en aquellos tiempos no había agencias noticiosas
que pudieran crear "fake news" entre la audiencia. Parece
poco violenta la historia que tuvieron que vivir nuestros
hermanos ancestrales. Un poco más atrás en el tiempo,
nos obligaron a olvidar, creando una deformidad de
conciencia, los más de 100 millones de almas naturales
que fueron ejecutados, de mil maneras, en un nuevo mundo
que no conocía de cosas constitucionales. Cristóbal Colón,
Juan Ponce de León, Francisco Pizarro y Hernán Cortés

se encargaron de tan terrible misión; trajeron pestilencia
y terror, portadores de virus descomunales. Nos obligaron
a verlos como a héroes. Hoy en día, sus estatuas son
decapitadas. Vinieron con violencia, en el nombre de
poderes públicos. Financiados por las grandes familias,
la burguesía mafiosa. Desangraban a su propio pueblo,
imponiendo impuestos a toda la gente; robándole la limosna
hasta al más pobre, todo en nombre de poderes superiores
al de los nobles, esos que dicen que vienen del Papa—la
gente se creía que era Dios—ese que vivía en la antigua Roma.
Hoy en día tenemos a nuestro Tomás de Torquemada, el fraile
dominico castellano, inmundo y pretencioso, el Gran Inquisidor
del mundo, perseguidor, torturador y ejecutor de musulmanes
y judíos, perpetrando cada delito en el nombre del Papa del día.
Tal vez todos conozcan al nuevo inquisidor del mundo,
es conveniente no mencionar su nombre. Utiliza su arma
mortífera, un agente biológico que tiene propia vida y que
se ha armado como arma destructora que arrasa, no solamente
a musulmanes y judíos, sino que le ha hecho la guerra al mundo
entero. Torquemada trabajaba para los reyes humanos, Fernando
e Isabel, aquellos que ordenaron a Cristóbal Colón invadir el
mundo desconocido; ya habían indicios de exterminio mayor
en las mentes globalistas de estos dos reyes inmundos. Corre en
la sangre entre las "buenas familias" el creerse ser dueños del
universo, del mundo y de la raza humana. No prolonguemos
la espera ni un minuto más. No importa cómo se llame el
terrible abusador. No sabemos para quién trabaja el nuevo
animal. Enfrentemos, todos unidos, al enemigo coronavirus
con firmeza, con valentía y con todo el corazón.

Regentes del mundo

Ministros, reyes, presidentes, gobernadores,
obispos, y emperadores; Papas, jueces, cónsules,
monarcas, y embajadores, señores de la guerra.
Venimos a contarles la historia de aquellos que se
creen que se lo merecen todo, que deben
ser tratados como dioses pronosticadores.
Sus fuerzas de seguridad son fútiles ante
las fuerzas del Dios Verdadero. No importa
que nos hayan dicho que lo blanco es negro y
que lo negro es blanco, que lo bueno es malo
y que lo malo es bueno. Solamente somos
viajeros en este mundo pasajero, conocemos
el claro horizonte donde todos serán
juzgados con una mayor vara, distinta a la que
ustedes usaron para juzgar a nuestros
antepasados. Ustedes han acabado con los
recursos naturales, han escondido alimentos
y suministros de agua de los pobres e indefensos,
aquellos que no pueden hacerles la guerra.
Hace mucho tiempo atrás, como en el año de 1511,
en una isla muy pequeña en el Mar Caribe,
pero grande de corazón; la llamaban sus
habitantes "Borikén", hubo un incidente
heroico, algunos dicen que fue un asesinato
atroz. Diego Salcedo, legendario Conquistador
español, uno de esos a los que los taínos
consideraban dioses, murió. Y ¡de qué manera
murió! Hay varias historias que nos dicen
las razones por las cuales Diego Salcedo fue
derechito al lugar donde su alma fue separada
de su cuerpo. Una de las historias dice que le
habían dicho al chico apuesto, que encontraría
muchas mujeres bellas bañándose en el río,

de las cuales podía disponer de la manera que
más quisiera; o sea, a todas podía embarazar.
Otra historia nos cuenta que Diego Salcedo fue
llevado en brazos por los taínos, para que
pudiera cruzar el río. Agüeybaná II, Cacique
de los taínos, dio la orden para que ocurriera
el más esperado acontecimiento. Esperaron
pacientemente a que Diego Salcedo resucitara
después de tres días. El soldado, sin poder
advertir su futuro destino, no regresó a la vida;
su cuerpo se pudría con el calor de cada día.
—Los españoles no son dioses—decían los taínos.
¡Mueren! Es la misma suerte que les espera a
ministros, reyes, presidentes, gobernadores,
obispos y emperadores; a Papas, jueces, cónsules,
monarcas y embajadores, señores de la guerra.
Grandes dolores, penas y amarguras han propagado
alrededor del mundo, ahora han traído al mundo a
Covid-19 y le han puesto precio en la bolsa de
valores. En aquellos días de turbulentas tragedias
entre gente noble, nativos de un nuevo continente
ya habitado, los viajeros de un mundo viejo y
decadente trajeron guerra y muerte a nuestras tierras
americanas, tierras de legendarias historias. Grandes
matanzas humanas, ¡tanto crimen cometido!; traían
armas, de esas que matan ligero, para asesinar hasta
al más fiero guerrero. En balde llamaban a consejos
de guerra los taínos nobles, no era posible abatir al
engreído invasor con lanzas y flechas. Aquél que no
tiene armas iguales al del agresor, su destino dictamina
que no podrá defender su más hondo honor. Ésta es la
triste historia que he venido a contarles. Los regentes
del mundo dicen que vienen a traer gran civilización al
mundo. Hoy traen diminutas armas destructivas que
envenenan todo el aire. Quieren destruir al cosmos entero
para poder comenzarlo de nuevo. Es muy grande la osadía

de estos mundanales verdugos. ¡Quién lo diría, que su tiempo
llegaría para el ajuste de cuentas en las Cortes Celestiales!
Ministros, reyes, presidentes, gobernadores, obispos y
emperadores; Papas, jueces, cónsules, monarcas y
embajadores; señores de la guerra: ha llegado la hora de
de pagar sus cuentas.

Protesta social

Los derechos fundamentales humanos
son violados, el morir cada noche,
cada mañana, es el plato del día. La
revolución de los ricos se ha desatado
contra los pobres y los trabajadores.
Los comunistas, tanto como los nazistas,
han creado un bien común para contrarrestar
la revolución de las masas. Grandes
injusticias se cometen en contra de nuestra
libertad. ¡Mascarillas, o no mascarillas, esa
es la realidad! Ya tratan de interrumpir
la infancia temprana, ya todo se va cambiando.
Nadie protesta, nadie susurra. Habrá
que hacer algo para que se acabe esta
barbarie. Estamos siendo masacrados por dos
enemigos: los gobiernos del mundo y el
coronavirus en la calle. ¡Qué estalle el estado
de alarma! El gobierno viene con todas sus
armas a meter miedo con toda su exigencia social.
¡Alto a la mentira! ¡Alto a la pandemia! ¡Alto a la
corrupción! Ya dicen que la pandemia se arrastra
hasta el 2025. Nos dicen que nos quedemos quietos,
que ni hablemos, si es posible. Nos llenaron de
pornografía, nos drogaron con su basura.
Nos lavaron el cerebro con sus mentiras,
nos inyectaron doctrinas falsas. Nos imponen
el toque de queda, nos adulteran la existencia.
Nos saludamos con el codo, o nos tocamos
con el pie en la carretera. Tenemos una
responsabilidad, tenemos que despertar;
se nos está haciendo tarde ya. Turbia es la
crecida de las aguas en nuestras vidas. Va
aumentando el desconcierto, muchos ya

han ascendido hasta el cielo. Los de arriba nos
están aniquilando, crece su casta, crece su
imperio, destruyen nuestras chozas. Nos
consideran renacuajos, nos pisotean como
si fueran dioses; su inteligencia les dice que
somos unos mediocres. Basta ya de
murmuraciones, basta ya de declaraciones.
El ordenador de sus legiones, ya está listo para
ordenar a todos sus ejércitos las últimas
invasiones. Está prohibido olvidar su horrendas
masacres y sus sangrientas libaciones, incluyendo
la masacre Ponce en 1937 y el bombardeo de
Utuado, Puerto Rico, en 1950, por la Fuerza
Aérea norteamericana. Ahora todos somos
Nacionalistas, ahora todos somos patriotas.
No solamente gritaremos: "Viva Puerto Rico libre",
ahora deberemos gritar: "Viva toda España", "Viva
Gran Bretaña", "Viva Méjico", "Viva Cuba libre",
"Viva la República Argentina", "Viva toda la tierra
libre y santa". En una alta cumbre divina,
será plantada la bandera colorida de los oprimidos;
subirá la gente como las blancas nubes declarando
su santa conquista. Traerán terror al que terror
les impone, rudos golpes sufrirán los que mancharon
nuestros suelos con sangre inocente y santa; demandará
la gente por justicia y redención para nuestros fieros
gladiadores que murieron con dolor y con hambre.
La protesta social planetaria hace un llamado a tirar los
carteles al suelo y a suspender las manifestaciones
pacíficas; todos se vestirán de disciplina, con
una alta y soberana disposición de lucha santa.

Ya no hay revueltas

Con el toque de queda
acostumbramos a los
patriotas a estar callados.

No queremos que hayan
revolicos como los que
había cuando Batista.

Si hay saqueos y fuegos,
es indispensable que
metamos palos a la gente.

Cuando la sociedad está
despertando, hay que
detenerla.

Con gases lacrimógenos
o con virus callejeros,
los encerramos a todos.

Se acostumbrarán a estar
enjaulados, son presas
para un confinamiento.

La resistencia está
aplacada con baile,
botella y baraja.

Ya casi ni hablaban de
revoluciones, los bozales
habían hecho la obra.

Ya no hay revueltas
en las calles, muchos
cayeron en los hospitales.
Nadie sabe lo que ha
pasado, es la nueva
manera de gobernar.

Ahora tumbaremos
presidencias, jugaremos
con las computadoras
y ganaremos elecciones.

La serenidad mantendremos.
Con vacunas y otras cosas,
controlaremos a toda la
masa humana.

Los entretendremos con
el abuso policial en
sus localidades, ya
están acostumbrados.

Montaremos shows en la
televisión, abogando que
defendemos los derechos
de los seres humanos.

Crearemos crisis mundiales,
declararemos que hay
pandemia, cerraremos
todas las discotecas.

La educación ya está en
nuestras manos, ahora
todo es virtual, ahora
todo es cibernético.

Ni las caras ya se ven
por las calles, nuestro
rastreador de identidades
ya está funcionando.

"Divide et impera", divide
y vencerás, fue el legado
que nos dejaron Julio César
y Napoleón Bonaparte.

Con los negocios en banca
rota, abriremos almacenes
por doquier; venderemos de
de todo, a nuestros precios.

Ya no hay revueltas en el
mundo, todos están muy
adormilados; el nuevo
orden ha conquistado.

Regímenes despóticos

Hemos vivido toda una vida
bajo regímenes despóticos
tradicionales que han engañado
a los ciudanos durante siglos y
siglos. El nuevo y siniestro
movimiento malsano, quiere
acabar con la vida de los
ancianos, nuestros héroes del
pasado, de blanqueadas
cabezas por la nieve de los años
y con la psicología de los infantes,
forjadores de la última civilización
humana. Nadie sabe si el coronavirus
ha sido creado como arma política para
acabar con algunas presidencias.
Muchas tretas partidistas se han jugado
sobre muchos tableros multicolores,
sus mentiras siempre han endulzado
nuestras mentes y corazones; nunca
hemos visto a un político ir por las calles
besando chavales, abrazando mujeres
abusadas, o dando las gracias a aquellos
ancianos que lucharon en las guerras de
antaño...hasta el día de las elecciones.
¡Hipócritas! Estos regímenes despóticos
nos hicieron creer, bajo la falsa
democracia mundial, que podía
existir una clase opresiva que estaba
destinada a oprimir a las clases que
ellos consideran inferiores. Nos
hicieron entender que las clases
indigentes y las masas trabajadoras,
no teníamos derecho a defendernos;

ya no teníamos derecho a la vida,
a la libertad o a la felicidad. Hoy,
se creen que pueden traer la horca
y las balas contra un pueblo
encarcelado, un pueblo
enmascarado que vive en constante
terror debido a la nueva normalidad
que nos han implantado a la fuerza.
Continúan cercenando nuestros
derechos y aplastando nuestros
cuellos—hasta dejar de respirar—,
como si nada valiéramos.
Es tiempo de leer las viejas letras y
acatarlas al pie de la letra como terrible
borrasca. Cuando cualquier forma de
gobierno se vuelve corrupto y destructivo,
gobernado por la porra plutocrática de
los que se creen escogidos para gobernar,
es derecho del pueblo modificarlo o
abolirlo, e instituir un nuevo gobierno
que asegure la seguridad y felicidad
de todos por igual. Regímenes despóticos,
creadores de holocaustos mundiales,
ya fuera a través de bombas nucleares
o virus mortales, se acaba el tiempo
de su fraternidad ancestral. Es nuestro
divino y humano deber buscar justicia
y honor, acabar con todas las iniquidades
de terror fraguadas en secreto por tan
bárbaros malhechores.
No temamos nada, luchemos por la
justicia y la paz de la raza humana.
No seamos más las víctimas sumisas
de tiranos opresores, de regímenes
despóticos, de acumuladores de plata
y oro, de cuyas navajas salpica el tinte

rojo de nuestras pieles agrietadas,
de nuestras venas explotadas, de
nuestros rostros desfigurados.

Huelga durante tiempos de pandemia

Había gran agitación por todas partes,
una gran congestión de autos se apoderaba
de las calles. Un tumulto de gente gritaba
con los puños levantados: "Acaben con
la pandemia". "Justicia para el pueblo".
"No queremos mascarillas". "Pa'fuera
con el gobierno". Llegaban toneladas
de gendarmes —muy bien pagados con
nuestros impuestos federales—, con sus
caras de bestias rabiosas; formaban filas
alineadas, con sus porras —"Made in
China"— en el aire, acechando a quienes
protestaban. Todos los huelguistas corrían
y corrían. Más gritos se escuchaban: "El
pueblo unido, jamás será vencido". Me
sorprende que todavía exista un leve
vestigio de espíritu combativo, no lo
pensaba de estas últimas tres generaciones.
Era todo muy extraño, pero los gendarmes
han venido con sus chalecos antibalas, todos
muy bien ajustados a sus cuerpos. Las
caras de la gente derramaban aguaceros
de sudor debido al calor persistente que
había en el ambiente. Esta noche sería
la gran noche del espectáculo más grande
del siglo 21: las masas contra los gobiernos
del mundo. Todo esto sucedía, al unísono,
en las principales ciudades del mundo: Moscú,
París, Madrid, Berlín, Estocolmo, Nueva York,
San Juan, Buenos Aires, Honolulu, Lima, Hanoi.
Estudiantes, trabajadores, enfermeras y doctores;
pobres, ricos, blancos, y todos los demás colores,
todos demandaban explicaciones de sus gobiernos

impotentes. Todos cantaban cánticos patrióticos,
y otros levantaban carteles revolucionarios. La
atmósfera se cargaba más y más, a cada minuto.
Los gendarmes se babeaban por el calor insoportable,
todos muy bien uniformados, con mil libras de
equipo sobre sus lomos. Todos se tropezaban unos
con otros, llegaban refuerzos militares: la Guardia
Nacional y comandos del ejército antiterrorista.
Todos esperaban un despelote descomunal. Los
gobernantes del mundo ya habían pagado el salario
a los que vinieron a romper la gran huelga planetaria.
Los gobernantes querían mostrar a la gente, mediante
las noticias fraudulentas, que ellos pretendían
mantener el orden ante tan craso descalabro.
Los medios de comunicación se aglomeraban detrás
de la fuera de choque, otros lanzaban drones en
el aire con cámaras controladas por control remoto.
Los manifestantes mantenían la calma, otros agitadores
querían ver sangre. De repente suenan explosiones
en todas las ciudades del mundo, es como si alguien
hubiera sincronizado cuándo iban a ocurrir las
explosiones en todas las ciudades del mundo.
Todos los manifestantes del mundo corrían
despavoridos en todas las direcciones, temían
ser agredidos por la policía o los militares.
Grupos pequeños de manifestantes aprovechaban
la oportunidad para cometer vandalismo, robar
y echar más leña al fuego. Las mascarillas caían
al suelo, otros volaban por los aires. Los gendarmes,
con sus cachiporras hambrientas, en medio de insultos
y empujones, propinaban golpes violentos contra
cualquier cosa que se moviera frente a ellos. Los
manifestantes desalojaban la marcha, histéricos,
gritando, llorando. Parece que cada manifestante
tenía asignado a un gendarme privado, la aglomeración
de personas era explosiva. La gritería desconcertante

de las masas iban alimentando el bullicio en las
calles. Gases lacrimógenos eran lanzados por los
rifles de los militares, otras bombas de gases eran
soltadas desde helicópteros y drones que volaban a
30 pies de altura sobre los manifestantes. La humareda
era muy espesa e irritante, había niños que andaban junto
con sus padres; ellos fueron los más torturados por los
los gases infernales. Algunas personas corrían hacia
los edificios, desde los techos, los gendarmes bajaban
por sogas de escaladores. Las personas utilizaban sus
mascarillas para repeler los gases venenosos, otros
mojaban los bozales azules para clarear sus ojos.
Algunos policías abusaban de su poder gubernamental,
amedrentaban a varios manifestantes con sus armas
de servicio; algunos dientes volaron por los aires
cuando algunos de los cañones de las pistolas eran
introducidos en las bocas de los revoltosos. Las
repercusiones de tan terrible enfrentamiento serán
muy duras y penetrantes. Ahora, no solamente
faltaba el aire por el uso de las mascarillas, el
ambiente de fatiga extenuante causaba un estado
de compresión pulmonar. Era imposible levantar
un frente de resistencia contra las fueras del gobierno.
Los manifestantes fueron apaleados, gaseados,
ultrajados, pateados, humillados. Luego de cinco
horas de fiera lucha, la milicia y los gendarmes
toman control de la situación. La gente estaba
desfallecida por las corriditas que tuvieron que
dar para poder salvar sus vidas y la de sus niños.
Todo fue en balde. Los manifestantes no lograron
llevar su mensaje. Fue otra huelga entre tantas
huelgas. Nunca se supo la procedencia de aquellas
explosiones.

Esperanza

El hisopo de algodón

Diabólico hisopo de algodón,
viniste de incógnito, vestido de algodón,
para estocar y contagiar. ¿Adónde quieres
llegar? ¿A la Casa de mi Padre Celestial?
Ahí, ahí no puedes entrar. Por los
corredores nasales intentas penetrar,
pero no lo lograrás. A mi casa no podrás
llegar. Aunque vengan billones de legiones
de parásitos a atacar, la Gran Puerta milenaria
no podrás derribar. Viniste de Oriente con
porte y malicia, aquí estoy en Occidente,
y la tregua no te voy a dar.
Apártate de mi vida y no vuelvas más.
Yo sé que viniste a robar, a matar y
a destruir, pero conmigo no podrás.
Yo vivo sobre la Roca Fuerte, ¿a quién
he de temer yo jamás?

Despertemos

Debemos alzar la voz,
colocarnos en fila
como soldados fieles
convertidos en hombres
y mujeres de acción.
Echemos sobre nuestros
hombros la angustia que
atraviesa la sociedad,
despertemos a la realidad.
Han pasado 10 meses de
esta crueldad, pero con
nuestra avanzada todo
va a cambiar. La barca no
está anclada, echemos a navegar;
a un nuevo puerto vamos a
llegar. ¡Basta ya de noticias
nefastas! ¡Toda corona que
sube tiene que bajar! Dile "NO"
a tu cansancio y desánimo profundo
por el cual atraviesa tu corazón.
No temas a nada, tu espíritu
está lleno de poder y valentía.
Sacude con violencia eso que te
quiere parar y acaba de despertar.
Es tan sólo una pesadilla que pronto
va a terminar.

10/26/2020
9:12pm

¿Para qué te resistes?

¿Para qué te resistes? Sabes que te voy a dominar.
Viniste a grabar tu ADN en el mío y no lo voy
a permitir. Me quemas mi frente con fiebre
infernal, me quieres marcar, pero no lo voy a
tolerar. No creo que las leyes supremas te hayan
dado permiso de existir, es la mano humana la
que te ha hecho vivir. ¿Para qué te resistes, inmunda
bestia etérea? ¿No sabes que no puedes gobernar
donde gobierna Dios? Tu muerte no puedes hundir
en mi ser. No creas que me vas a arrancar la felicidad.
No pienso dejar mi cuerpo rendido en el camposanto,
la batalla sólo ha comenzado. Creo que tienes una
pesadilla, te perturba pensar que uno de estos días
puedas desaparecer y a nadie más ofender. ¡Sé realista!
No te resistas. Eres solamente una ilusión pasajera que
todos olvidarán. ¿Te crees inmortal? Rey del aire eres
en esta distopía. Espíritu errante y turbado es tu vida.
Engañaste a multitudes, te creías inviolable. Trajiste
miseria e implantaste tiranía en la Tierra; creaste un
nuevo holocausto con tu nueva normalidad. Yo mismo
te arrancaré la vida. ¡Apártate! No creo que puedas más.
Sé que muy pronto morirás. Los medios de comunicación
te olvidarán, en el Internet no te encontrarán.

La reina corona

Eres corona inmunda, con un pensar petulante.
No mereces que escriban tu nombre con letra
mayúscula. Quieres aspirar a ser reina del universo.
Eso sería llevar a los siete cielos a la anarquía.
Asomaste tu aroma en Wuhan y hasta Italia fuiste
a parar. Todavía no estaban debutando las
aspirantes del desfile de modas, sin embargo
decidiste desfilar. Tu horrible cara de espinas
te hacían justicia. Querías las victoria obtener.
Llenaste el mundo de dolor y de muerte, porque
por ti no quisieron votar; no nos dejaste reposar.
Ya van diez meses de tiranía fría, años no quiero
contar. No quiero pensar que estoy en el 2025 y
que por ahí todavía estás. Creo que debes irte ya,
tu culto se ha desmoronado. Ya la gente es indiferente,
a ti nadie te respeta. La vida continúa, los seres
humanos han triunfado. No queremos reina corona,
te vamos a derrocar. Todo en la vida suele terminar
hasta para las más altaneras como tú.

10/28/2020
10:40 pm

Acróstico de la esperanza

Es la vida bella y sana cuando no sufrimos de miedos, Dios no
nos dio un "espíritu de cobardía, sino de poder, de amor y
de dominio propio".

Sentimos soledad cuando estamos desconectados de otros seres
humanos. Yo sé que la existencia no es nada, si se nos
prohíbe estar con la compañía de un ser querido; ellos son
el remedio para elevar el espíritu.

Pasamos momentos gratos con familiares y amistades, con
nuestros hijos y nuestros padres. Siempre tendremos
presente que vivimos en un mundo extraño, pero sabemos
que un mal no dura más de cien años.

Es una flor la esposa que en el jardín de tu corazón está
sembrada. Aprende a abonarla con palabras que la llenen
de luz y de vida, ella es la única conexión que tienes con
lo Divino; ella es la que hace que desaparezca el coronavirus.

Rico es nuestro amanecer cuando vemos a nuestros hijos
crecer como hombres y mujeres de bien, ellos son un
regalo del cielo, el fruto del vientre de la flor que cultivas
en tu corazón.

Adoro a mi Dios que me ha dado tanto, me dio la vida, a mi
compañera y a mi hijo amado. No tendré nunca miedo
porque a ellos estoy conectado.

Nunca pensé que pudiéramos llegar a momentos como estos
tiempos que estamos pasando. El temor al porvenir se
volvió insoportable, pero inmediatamente recuerdo el
ropaje del cual nos vistió Dios y todo terror desaparece.

Zafarnos de la paranoia de la clandestinidad, no ha sido fácil. Mientras tengamos a Dios y a nuestras familias presentes, ¿qué mal nos puede aquejar?

Aguantemos un poco más, las puertas del Paraíso están por abrirse, no porque vayamos a dar nuestro último viaje sin regreso, sino porque el Reino de los Cielos está a punto de conquistar a este terrible virus mortal.

Acróstico de la sanidad

Seamos compasivos con toda la gente, tengamos paciencia
unos con los otros.

Andemos humildemente por los caminos, nuestras huellas
siempre dirán los secretos de nuestras vidas.

No estamos solos, no sufrimos solos, no morimos solos.
Aunque hayamos transgredido un poco, recordemos que
hay un Padre que nos ama, nos protege y nos perdona.

Incrédulos nos hemos vuelto a través de los tiempos, tal vez fue
por presión de grupo o porque hubo un corto circuito en
nuestros corazones.

Duras han sido nuestras vidas durante estos últimos meses. No
dudemos de que los doctores están haciendo todo lo posible
para responder al llamado de Dios, ellos también buscan
la sanidad para sus seres queridos.

Aquí comienza un nuevo camino, el virus malo que cambió
nuestro destino tiene sus días contados. Dicen que ya hay
tres vacunas que terminarán con sus hazañas.

Dejemos a Dios, y a la ciencia, cambiar el destino de esta
sabandija virulenta. Puso a todos a prueba, ahora es
nuestro turno de ponerle una cadena al cuello y tirarla al
fuego.

Acróstico de la paz

Parece que se acercan las buenas noticias, el miedo comienza a desaparecer; las mascarillas empiezan a caer, las sonrisas vuelven a aparecer.

Amplia es la vida y profundo el poder de Dios; la esperanza siempre estuvo despierta, es momento para celebración.

Zurzamos nuestras vidas con puntadas de oro que salgan del corazón, un nuevo vuelo vamos a emprender; ya salimos de este horrible sueño perverso.

Acróstico del amor

Aislado por las murallas del silencio, en una habitación donde
me tienen recluido; con las puertas cerradas para que no
escape el virus, recuerdo los sentimientos que ayer yo
te tenía.

Misteriosa es la existencia, en el tiempo y en el espacio; a la
soledad ya me he acostumbrado, pero te digo, amada mía,
aunque me encuentre en estas circunstancias, que por ti yo
doy la vida.

Olvidarme de ti no puedo, aunque nos separe esta pandemia
inexplicable. Muchos descubrimientos surgen cada día,
pero con el que no han dado todavía, es el AMOR
que siento por ti, vida mía.

Rosa fuiste ayer y Rosa eres hoy; Rosa eterna serás siempre en
mi corazón. El amor que nos conecta viene de un Dios
poderoso y bueno que siempre llena un vacío en momentos
de turbulencia. Nuestro viaje de AMOR, con sus subidas y
sus bajadas, llegará a su destino santo uno de estos días.

Acróstico de Jesús

Joven te maltrataron, te golpearon y te escupieron; joven te
acusaron, te arrestaron y te condenaron; joven te
humillaron ante un pueblo incrédulo, joven te
crucificaron; joven resucitaste, joven subiste al Cielo.

Eres especial en mi vida, aunque una vez te haya rechazado.
Los momentos de una juventud desenfrenada cegaron mis
ojos y convirtieron mi corazón en una roca negra y pesada.

Sabes que estoy arrepentido por todas mis iniquidades, siento
mucho haberte blasfemado y arrastrado tu Nombre Santo
por toda la tierra seca.

Úlcera maligna he sido para los Santos del Cielo, he sido un
virus que ataca a diestra y siniestra. Sé que algún día seré
juzgado en la Corte Celestial de nuestro Padre, muchos
acusadores vendrán por mi cabeza; otros vendrán por mi
alma.

Seguro estoy de que he de tener la mejor representación legal
de todo el universo, Jesús de Nazaret, hombre-Dios, el de
la tierra Santa, es mi consejero, mi abogado y mi protector;
es mi Salvador... el Camino, la Verdad y la Vida.

No hay problema, señores

No hay problema, señores, pero es
bueno que investiguemos. Es para
ayudar a todo el mundo. No dejemos
que el inconsciente colectivo nos
arrastre a un fatal destino.

Si vivimos entre sombras es porque
vivimos con miedo, dimos pasos en
la vida que no eran muy certeros;
siempre dando vueltas frusleras en
el mismo carrusel de la existencia.

Todo parece inútil, tratar de escapar
de las enredaderas de una pandemia
que no sabemos si es verdadera o si es
una simple fabricación transitoria, que
desaparecerá con un nuevo gobierno.

Angustiosamente hemos retrocedido
en el proceso evolutivo darwiniano,
el hombre no ha progresado en nada.
A veces nos quedamos petrificados,
perplejos, pensativos...

Dice la gente de ahora: "¡La vida es corta!"
¿Para qué quieren vivirla si no saben cómo
hacerlo? Nunca lo supieron y ahora le echan
la culpa al coronavirus. La gente está anclada en
el tiempo y rehúsa hacerse a la vela de la vida.

Siempre dicen que hay un problema que les
impide dar un buen combate, prefieren
permanecer callados; ya están acostumbrados,
ahora están enmascarados y encerrados. Se
han embriagado en su propio destierro.

Aquellos que se niegan a reconocer la verdad
son parte del problema. Lo que nos duele y
atormenta es no poder continuar la vida de
banalidad a la que estábamos acostumbrados,
creo que estamos despertando.

¡Qué años fueron aquellos? Todo cambió de
la noche a la mañana. El coronavirus llegó
como fuego abrazador que no podía contenerse,
llenó de agonía a los menos fuertes de espíritu
y enlutó a familias que no supieron defenderse.

Ya son muchos los enloquecidos por tan honda
incertidumbre. ¡Ah, la ciencia psicoanalítica!
¿Nos salvará de esta catástrofe? Somos responsables
de lidiar con nuestros propios destinos, Dios no nos
dio un espíritu de cobardía, sino uno de poder.

No hay problema, son solamente dolores de parto.
Cuando nazca el bebé, todo será gozo y alegría.
Reiremos ante el sol con rostros destapados, los
murmullos detrás de la muralla de tela serán cosas
del pasado. No hay problema, señores.

Todo será como un milagro, ya no habrá más lloro,
ya no habrá más pena; ya el dolor no nos oprime.
Los saludos de codo y de tobillo ya se extinguen,
los niños pueden respirar aire puro, besar a otros
niños, jugar a los desenmascarados.

Por las calles vamos de mano en mano, un nuevo
cielo nos cobija. Los nervios están calmados, los
fármacos se ahogan en las cunetas. Los conciertos
de silencio se volvieron rapsodias multinacionales.
No hay problema, señores, todo esto es pasajero.

Ya no seremos más presas cautivas, ahora formamos
parte de un consciente colectivo. La tormenta ya se ha
ido, las pesadillas han sido eclipsadas por la valentía
de nuestro nuevo ser. Andaremos vivos, libres y
llenos de verdades, no de falsedades.

No hay problema, señores. Ya hemos despertado a
este nuevo día, la neblina de nuestros ojos se ha
esfumado. La soledad ha sido liberada, se ha vestido
de lujo y anda muy bien acompañada por los cines,
los bares y los restaurantes. No hay problema, señores.

2021

El año 2020 desaparece de la memoria,
el 2021 se acerca con ruido de pandero,
y cargado de alegría. El retorno a la vieja
normalidad es ungido con aceite sagrado
del Monte Carmelo, las oraciones que
echamos a los cuatro vientos consumieron
el desorden y la melancolía que el coronavirus
había creado en todos los hermanos terrestres.
Ahora somos libres de mostrar nuestra
sonrisa sana, libres de tan tortuosa mascarada
con la que tuvimos que lidiar por doce
meses. Parece que el año 2021 hará que todos
nos volvamos como niños, lanzando gritos
de alegría y abrazando a los viejos amigos
sin tener temor de arrancarle la vida a
nuestros hermanos del alma. Ya no tenemos
vidas escondidas, la oculta libertad salió
a parrandear durante la Navidad del 2020.
La Tierra entera se ha vuelto bendita, con
disciplina y voluntad vencimos al enemigo
que vino como ladrón en la noche, queriendo
robar nuestra felicidad y libertad, matar a
nuestros viejos y niños, y destruir las esperanzas
que habíamos creado en toda una vida. Ahora
nuestras vidas están sobre la roca sólida, la
pesadilla estaba aniquilada; despertamos a una
realidad milagrosa: conquistamos al cruel
enemigo. ¡Bienvenido, 2021!

Acróstico de la marcha triunfal

Miran los niños sonrientes el nuevo amanecer, un mundo sin
máscaras acaba de nacer.

Ahora somos libres, ahora somos felices. El dolor se durmió
en la noche y la sonrisa despertó en la mañana.

Relámpagos y estruendos derrumbaron los montes altos,
donde el coronavirus había construido su efigie
monstruosa.

Cayó de la cima, herido, para ser sepultado en las aguas
profundas de los océanos del mundo.

Hoy, niños y ancianos van danzando por las calles, sin
temor de ser arrestados por no llevar puestos los
bozales que creó tan perverso malhechor.

Alcanzamos nuestra victoria mediante grandes esfuerzos
y sacrificios, el amor fue nuestro fiel aliado; nuestra
fe en Dios fue nuestro escudo protector.

Triunfantes hemos salido de esta histórica batalla gracias
a los "indispensables", quienes arriesgaron sus vidas,
día a día, para que todos pudiéramos estar seguros
durante la nueva normalidad.

Resurgimos fuertes a una nueva era repleta de luchadores,
determinados a dar gritos triunfadores ante una
victoria liberadora.

Inmensa y gloriosa fue la campaña y la batalla lanzada
contra el virulento usurpador, que fue creado para
desatar desolaciones de ruina y de miseria a todos
los hombres y mujeres de la Tierra.

Unidos crearemos futuros llenos de esperanza, haremos frente
a tribulaciones manipuladas por las serpientes de la
ciencia.

No tenemos miedo a los que levantan muros y separan familias,
a los que crean conciertos de silencio; a los que encarcelan
a nuestros abuelos, a los que cancelan nuestras vidas.

Fielmente caminamos de gloria en gloria, rompiendo vallas,
venciendo batallas, luchando por los derechos humanos.

Allá donde había oscuridad, la luz del sol vino a resplandecer.
Se volvió la vida más segura, más dulce, más hermosa.

La mano de Dios siempre nos dio cobertura en las buenas y
las malas, marchó con nosotros a través de las tinieblas
y no nos abandonó en los momentos de flaqueza.
Como guerrero fiel, siempre estuvo a nuestro lado;
peleó las batallas que consideraba que eran de Él.
Siempre llenó de valor a los héroes que trabajaban
en los hospitales y traspuso al Cielo a los que
ya habían cumplido con su destino.

OTROS

Mi gata negra

Mi gata negra está espaciada
de la realidad y está atolondrada
en su pensar.

Sus grandes ojos verdes parecen
lumbreras que iluminan todo el
bosque al caminar.

Retirada en un rincón de mi balcón,
mira a los pajarillos volar. Creo
que se pregunta: "¿Por qué no
me dejas jugar?"

Es negra y hermosa; en nada se parece
a la negra soledad. Creo que quiere
llorar porque no la dejo escapar.

Es que en mi pueblo americano
hay muchas restricciones. Eso de
"gatos realengos", ni una palabra más.

También hay un vecino extraño que
otra gata me robó. Recuerdo que mis
ojos se volvieron dos cascadas de dolor,
inundando el jardín donde solía dormir.

Puse un anuncio en las paredes de mi
barrio, pidiendo compasión. También
ofrecí $1,000.00 por su devolución.

¡Ya ni los gatos están seguros en
sus hogares! Es por eso por lo que a mi gata negra
la encierro con cadenas en estos lares.

No me malinterpreten, las cadenas que le
pongo a mi gata son los lazos de mi corazón.
Un día me puse de bravucón con el vecino
extraño, yo sabía que él era el ladrón, pero
no lo podía acusar sin tener razón.

Como la gata no aparecía, le dije un día al
vecino extraño que si agarraba al maldito
ladrón, lo iba a pasar de lo más feo. Le dije
que iba a tener un encuentro amigable con mi
machete afilado, al que llamo "Don Vito Corleone".

Los cortes de mi machete borincano hacían
ver los cortes que hacía Pedro Navaja a los
maleantes del barrio, como circulares pinceladas
rojizas del palito melenudo de Vincent Van Gogh.
Creo que el vecino entró en razón.

No hubo tragedia ni sangre, solamente hubo acción.
Fue doloroso ver a mi gata desaparecer, pero fue
un alumbramiento perfecto, después de siete días
de contracciones de dolor, ver cómo mi gata apareció
en la terraza, a las siete de la noche, gritando por comida.

Yo entiendo que ésta es una triste y alegre historia. Cuando
tengas a un vecino extraño que le echa su mirada a tus
gatos, solamente muéstrale tu machete afilado para que
entre en razón.

Ahora les explico a mis dos gatas, que si salen de la casa,
donde vive un chinche malvado y no llevan mascarilla en sus
caras, pueden ser arrestadas por la guardia civil, todos
muy bien entrenados para hacer cumplir la ley.

RAPTO

Dicen que vivimos un destino incierto,
que ha llegado el fin del mundo, que
ha comenzado ya el viaje hacia el
otro cielo.

Hemos vivido toda una vida llena de
gloria y bendiciones, de repente todo
queda interrumpido; la soledad se nos
ha impuesto a la fuerza.

Algunas personas vivieron con la
esperanza de que algún día Dios
regresaría, ese Dios valeroso que tomó
forma humana para salvar al mundo.

Muchas personas lo veneran, otros lo
odian sin conocerlo; le echan la culpa
por lo que sucedió hace dos mil años,
que por qué no nos dejó tranquilos.

Parece que este evento que ha cambiado
al mundo, está muy relacionado con los
acontecimientos que están por
desencadenarse.

La economía mundial ha sido
asesinada, una depresión económica
ahoga a la raza humana; los recursos
ecológicos se esfuman en la nada.

Con una presidencia destrozada,
una nueva llenará nuestros corazones;
una nueva estrategia está planificada,
"El gran reinicio" pronto comenzará.

¿De qué chanchullo estamos hablando
ahora? He escuchado que se trata de
una reconstrucción económica total
del planeta, es el "reboot" de la Tierra.

Las mentiras partidistas siempre han
endulzado nuestras mentes y corazones,
parece que el planeta Tierra es tan sólo
otra computadora más en la mesa.

Ahora tenemos tres problemas sobre la
mesa: Covid-19, el Rapto y el "reboot"
del planeta. Debe de ser que nos han
tomado el pelo.

Muchos doctores se esmeran mucho
por curarnos del coronavirus. Mientras
otros hablan de una salvación etérea,
la bolsa de valores habla de dinero.

¡Esto no lo resuelve ni el médico chino!,
sin hacer referencia al coronavirus.
Tenemos tres catástrofes ante nuestras
delicadas manos.

No hemos sido raptados por nadie
por cientos de años, nos visita un
virus cada cien años; hay que
reinicializar todo un planeta.

Nadie se va a dar cuenta, si logramos
crear una "nueva normalidad" a
causa del Covid-19, podremos lograr
cambios más radicales en la sociedad.

Parece ser toda una gran logística,
elaborada por mentes muy superiores
a las del simple ser humano. ¿Estaremos
viviendo los tiempo proféticos?
Comprendo a los que dicen que estamos
viviendo una gran tribulación, hemos
perdido hasta nuestras caras. El miedo
nos tortura, ahora somos esclavos.

Nada tiene sentido, el caos adorna
nuestras ciudades, vecindarios y calles;
el gobierno se desmorona, todos
armados hasta los dientes.

Parece que el mundo entero se ha vuelto
loco, el dinero escasea, los comedores
de beneficencia abren por cada esquina;
¿Por qué traemos hijos al mundo?

No hay ética, no hay moral; lo que era
bueno antes, es malo ahora; lo que era
malo antes, es bueno ahora. Parece que
estamos viviendo un mal embarazo.

Las Sagradas Escrituras hablan del
"Principio de Dolores". Creo que
"El gran reinicio" traerá al mundo
el nuevo orden mundial por cesárea.

La violencia se acabará, la inmoralidad
dejará de ser; las pestes y las hambrunas
serán temas de antaño, los problemas
climatológicos pasarán a la historia.

La ciencia-ficción se hará realidad.
La generación ALFA ya ha sido
programada, gozará de inmortalidad;
se crearán cerebros digitales.

El reino de las máquinas habrá nacido,
la realidad virtual se encargará de que
la gente no peque más; el adulterio no
existirá, habrá placeres cibernéticos.

La nueva revolución industrial creará
muchos trabajos en el área de la medicina
transhumanista, la biotecnología genética
y en el área de la inteligencia artificial.

¡Se me olvidó mencionar! Los trabajos
serán para las máquinas, los nuevos
humanos, mitad carne, mitad CYBORG;
vivirán en una falsa paz, en un falso mundo.

Solamente habrá cabida para 500,000,000 de
transhumanos. Los desaparecidos durante
la pandemia del 2020 al 2025 nunca
aparecieron; desaparecieron.

Muchas personas murieron durante la
pandemia, sus cuerpos no fueron
reclamados por los familiares; las
autopsias no se practicaron.

Antes de acabarse la pandemia la
gente se preguntaba por los
desaparecidos. Los teóricos de la
conspiración tenían una versión.

¡Ha sucedido el Rapto! ¡Ha sucedido
el Rapto! Ni los mismos religiosos
quisieron creer. No hay evidencia, no,
no hay cuerpos, no hay entierros.

Los gobiernos temblaban del susto,
los contaminados llegaban a los
hospitales y por arte de magia
desaparecían, dejando sus
pertenencias atrás.

Dicen que todos fueron traspuestos
al cielo como lo fueron Enoc
(Hebreos 11:5), Elías (2 Reyes 2:11)
y Jesús (Hechos 1:9). Todos ellos
habían agradado a Dios.

Acróstico de la hermandad

Hemos estado casi doce meses estancados en distintos cajones de cemento y de madera.

El día de ayer ya no es, y ni será mañana.

Rabia ha causado entre las multitudes la invasión de este virus extraterrestre llamado Coronavirus.

Muchos dicen que es un castigo del Cielo, porque hemos sido malos hijos ante los ojos del Creador.

Andan, los teóricos de la conspiración, diciendo que el virus fue creado por un partido político para destruir una presidencia; otros dicen que todo es mentira, que ha sucedido el Rapto Bíblico.

Nadie nos dice nada, la gente se traga lo que dicen los noticieros reales; otros digieren lo que reportan las "fake news".

Damos tumbos por todos lados, la hermandad humana ha sido descalabrada. Todos nos hemos convertido en islas privadas.

Ahora no sabemos qué es lo bueno o qué es lo malo. Si me encierro solo en mi casa, eso es bueno; no me mata el virus mortal. Si sigo encerrado sin ver a otro ser humano, me muero de pena... me muero de soledad.

Desventurados somos porque no tenemos a un Dios en quien confiar. Él siempre ha estado presente, el problema es que lo hemos pateado de nuestros corazones tan pronto nos dijeron que podíamos hacer lo que nos diera la gana en este mundo de falsedades.

Desde la cama

Solamente podemos gozar
de la vista que tenemos
desde la cama.

No hay patios, balcones
ni jardines que puedas
visitar.

Hay un reloj, frente a la
cama, que tiene una aguja
que parece una lanza.

Es el minutero el que más
me desespera, cuenta los
minutos que te quedan.

No hay ventanas en el
cuarto, estoy solo; es
privado.

A veces no sé lo que
pasa afuera, el correteo
constante me para los pelos.

Aquí, ni puedo ver a mis
amigos; dicen que los tienen
en otros pisos.

El plomero todavía no me ha
puesto en "coma", creo que
piensan que no es mi tiempo.

Siento mucho encerramiento,
este aislamiento es peor que
estar preso.

Al menos, no me han puesto el
bozal de perro; tal vez no hay
quien me saque a caminar.

Dicen que ya hay tres vacunas
que compiten entre ellas, tal
vez me cojan de conejillo de indias.

Ni a mi esposa dejan entrar para
que endulce mis horas, sólo ese
reloj de IKEA marca mis horas.

A veces se escuchan gritos lejanos,
gritos de alegría; son algunos doctores
y enfermeras celebrando una vida.

Quisiera levantarme y abrir la puerta,
y ver todo lo que está pasando. Todo
parece un secreto allá afuera.

Cuando entra una enfermera a mi
habitación, todo se ilumina; aunque
no vea su cara, siento su alegría.

Alegría de ver que llevo casi cinco
semanas en la cama, pero con la
esperanza que ya pronto me den de alta.

Pienso en las estrellas que me iluminaban,
todo desde la cama; en las calles por donde
caminaba, los abrazos y los besos de mi amada.

La esperanza es el alimento que nutre
nuestras vidas, para poder ver un nuevo
amanecer cada día.

Ya pronto escaparé de esta celda pasajera,
desde la cama escucho la algarabía que
se escucha desde el pasillo.

Estoy seguro de que están preparando una
gran fiesta para mi partida, la muerte
no ha entrado a mi habitación, sino la vida.

Ahora es tiempo de arreglarme, de estar
bien recogidito y presentable; estoy seguro
de que mi amada espera afuera para besarme.

Pero la algarabía se aplacó, ya no había
murmullos de expectación; todo era
silencio, todo era tranquilidad.

No dudo que está pasando algo ahí afuera,
ya no escucho, desde la cama, el ir y venir
de la gente, los doctores, los enfermeros.

El maldito reloj, con su lanza punzante,
me mira; marca cada minuto tratando de
lacerar lo que fue una vez mi existencia.

No puedo dormir con el tictac, tictac, del
reloj. Ya le ha dado la vuelta al círculo
cuatro veces, todo está desierto.

¿Dónde están todos? Un miedo irreal
trata de tomar control de mi cuerpo.
Debo levantarme, abrir la puerta.

La habitación está fría, me quito los
cables que me atan a la cama; la
bata azul que llevo cae al suelo.

Me asombro al ver mi cuerpo desnudo.
¿Seré el nuevo Adán de la generación
ALFA? Me pongo la bata nuevamente.

Mis pasos me llevan hasta la puerta...
lentamente. ¡El reloj me quiere lancear!
Corro y trato de evitar su diestro ataque.

Llego hasta la puerta, agarro la manija;
trato de abrir la puerta pero la condenada
no gira para ninguna parte.

Sé que no estoy soñando. Golpeo y pateo
la puerta con todas mis ganas. Doy
gritos para que alguien abra la puerta.

Mis nalgas observan mi vieja cama
mientras trato de tirar la puerta abajo,
mis fuerzas se agotan y nadie abre.

Agarro una silla y forcejeo con la
manija de la puerta, va cediendo
poco a poco, tras cada golpe mortal.

Todavía encerrado, el silencio
inundaba los pasillos detrás de
la puerta; sentí un presagio malo.

He logrado asesinar a la manija de
la puerta, ha caído al suelo sin
emitir ningún quejido.

¡Libre al fin! La puerta queda
abierta de par en par. Traté
de atravesar el umbral y no pude.

Miré hacia afuera y no vi a nadie.
Mis piernas temblaron, mi pecho
estaba sofocado, mis ojos lloraron.

Estaba angustiado, cansado de
luchar con la puerta; estaba
paralizado, friolento.

La temperatura del piso tenía
frío de morgue. Tuve valor
y salí de la habitación.

¡Hola! ¿Hay alguien aquí? Nadie
respondía. Me dirigí al mostrador
y las computadoras dormían.

Mi mente comenzaba a desvariar,
no podía razonar; se veía la ropa
de la gente por el piso y en los asientos.

Caminé hacia el final del pasillo.
¡Hola! ¿Hay alguien aquí? No se
escuchaba a nadie.

Mi cerebro ya no computaba. Llegué
a donde había una gran ventana que
daba a la calle.

Me acerqué a ella sigilosamente, miré
hacia afuera; estaba en un quinto piso,
abrí la ventana y saqué la cabeza.

Miré hacia abajo, no había movimiento,
los carros estaban paralizados; no
había gente en las aceras, todo silencio.

Mi corazón comenzó a palpitar muy
rápido, la presión arterial me llegó
a la cabeza. Me sentí mareado.

¡Esto no tiene sentido! ¿Dónde está
la gente? De repente, se apoderó de mí
una oscuridad más negra que lo negro.

Solamente había una explicación a todo
este rollo. Con lágrimas en los ojos dije:
"¡El Rapto! ¡El Rapto!"

Acróstico del doctor

Débiles no son, siempre están en pie de guerra contra el
invasor no deseado; no permiten que decida él
el porvenir de nuestro humano destino.

Ofrecen sus vidas por sus pacientes, siempre mostrando
un rayo de luz de esperanza a los que tienen sus ojos
cerrados.

Corren, siempre dispuestos a sacrificar sus vidas por los
otros menos afortunados; abiertos están sus brazos
para dar un buen gesto fraternal a los que van
perdiendo su vida.

Toman turno con otros doctores luego de haber batallado
cien o más horas a la semana, tratando de salvar vidas.

Oraciones siempre echan a los pacientes, aunque sea todo
en silencio; no quieren ofender a aquéllos que no
creen en estas cosas celestiales.

Recordaremos sus grandes hazañas quijotescas, siempre
luchando contra este molino virulento que vino a
reclamar el alma de los muertos.

Acróstico de Madrid

Madrid de mi alma, Madrid de mi corazón. ¿Cómo arranco
esta pena de amor que siento por mi soñada ciudad
que ha sido invadida por elementos dañinos y
destructores?

A veces brotan lágrimas de mis ojos cuando, una vez
vivaracha, te veo enclaustrada, enmascarada,
apaleada.

Días de risa y vida tuve en tus parques, en tus museos,
en los teatros y en los colegios. Cuando existía la
libertad y la sanidad, todo era gozo...cuando no
estaba prohibido amar.

Roja y amarilla es la bandera de toda España, con el escudo
de armas de los reinos medievales; sublime era entre
todas las naciones, cuando era gobernada con cordura
y no con brazo tiránico.

Incierto es tu destino, tal como el del resto del mundo. Fuiste
abatida por fuerzas extrañas, lanzadas desde una tierra
lejana, para destruirte desde tus entrañas.

Diste al mundo entero a un Miguel de Cervantes Saavedra,
con su Don Quijote de La Mancha. Ahora, todos somos
ese famoso hidalgo, tratando de derribar molinos de
vientos virulentos y tiranías que han vendido el alma
santa de nuestro pueblo español.

Ricardo A. Domínguez, canto al pensamiento libre, nació en Santurce (San Juan), Puerto Rico, el 3 de marzo de 1955. Cursó sus estudios universitarios en la Universidad de Puerto Rico, recinto de Rio Piedras, en donde obtuvo su Bachillerato en Artes y Letras en 1978 y su Maestría en Educación en 1982. Obtuvo un Grado Asociado en Ciencias de Computadoras Electrónicas en el International Institute of the Americas (Universidad Mundial) en 1981. Logró cursar estudios en fotografía profesional en el New York Institute of Photography, en la ciudad de Nueva York, en donde obtuvo su certificación como fotógrafo profesional en 1983. Hizo estudios postgraduados en el Graduate Center de la Universidad de la Ciudad de Nueva York (CUNY).

Trabajó como maestro de español en Puerto Rico por cuatro años, antes de mudarse para la ciudad de Nueva York en 1984. Laboró como maestro de español para las escuelas públicas de la ciudad de Nueva York, de donde se retiró. Publicó el artículo "José Martí y la Edad de Oro" en la revista literaria El Guacamayo y La Serpiente / Publicación del Departamento de Literatura del Núcleo del AZUAY de la Cultura Ecuatoriana en 1995. También escribió artículos para periódicos como El Nuevo Día, El Reportero, Mi Atleta y su Arte, el Diario La Prensa y el Connecticut Post. En dichos artículos ha dejado ver su sentir y forma de pensar con respecto a las situaciones sociopolítico-religiosas que estaban sucediendo en su tierra natal antes de su auto-destierro a los Estados Unidos. Es un escritor de profunda sensibilidad dicha en forma sencilla, de manera que pueda penetrar a las masas poco privilegiadas. En sus poesías nos transmite una visión existencialista de la realidad circundante. Nos manifiesta el fatalismo intrínseco de nuestra generación que se nos muere, que se nos va de las manos.

Como fotógrafo, ha cubierto eventos para periódicos locales y periódicos en línea. Sus especialidades son el fotoperiodismo, la fotografía callejera, la fotografía de la naturaleza, entre otras. Ser fotógrafo le permite acercarse a la gente y sacar historias de cada individuo. Su trabajo ha aparecido en exposiciones con jurado en la Feria Mundial Hispana, celebrada en el Centro de Convenciones Jacob Javits, en la ciudad de Nueva York, 1987. También ha exhibido su trabajo en Maspeth Town Hall (NYC), 1992; Art/Bar-84(Stamford, CT), 1993; Fairfield Festival of the Arts (Fairfield, CT), 1995; Gallery 53 (Meriden, CT), 2014-2015; Artspace (New Haven, CT), 2015; Saint Raphael's Hospital (New Haven), 2016; Kehler Liddell Gallery (New Haven), 2018, entre otras. Su trabajo fotográfico puede ser adquirido en la siguiente dirección:

https://fineartamerica.com/profiles/ricardo-dominguez

Su obra, 2020, está basada en las experiencias vividas de personas —sus memorias, sus quejas, sus anécdotas y sus publicaciones electrónicas— que han sido bombardeadas constantemente por "fake news" y teorías de conspiraciones. Este libro no pretende ser un tratado lírico como tal.

El propósito de mi obra es la de expresar ideas, controversias, discusiones, conceptos y actitudes que nos lleven a reflexionar sobre lo que somos, a dónde vamos y cuál es el propósito de nuestra existencia. El libro está dividido en seis categorías, que son: Pandemia, Conspiración, Ciencia-Ficción, Política, Esperanza y Otros. En el texto encontraremos temas como: la vida, la muerte, el amor, la esperanza, el fatalismo, la política, la ciencia, la religión, el transhumanismo, la mentira, la historia, el racismo, la ciencia-ficción, la sociedad y la supervivencia, entre otros. Aunque parezca ser una obra de cruda imaginación, se pretende presentar hechos históricos que han cambiado el curso de la historia humana y que nos hagan reflexionar sobre el propósito de nuestras vidas en éste, nuestro único, planeta Tierra.

El año 2020, título del libro, ha sido un año de terribles privaciones y sufrimientos a niveles Bíblicos. Año en que nos invade un nuevo virus, creando una pandemia mundial, hiriéndonos a todos por igual, sepultándonos eternamente en las profundas aguas del olvido. Todos estos meses del 2020 nos han agobiado la vida a un nivel casi apocalíptico: el encerramiento obligatorio, el uso de mascarillas, los toques de queda; todo esto nos indica que este caos no se trata de noticias fraudulentas. Estamos viviendo en un estado de alarma eterno, vivimos en una nueva normalidad a la que la sociedad no está acostumbrada. Decimos adiós a nuestros seres queridos: padres y madres, hermanos y hermanas, hijos e hijas, tíos y tías, abuelos y abuelas, estudiantes y amigos.

El coronavirus quedará en los anales de la historia de la humanidad como el destructor de nuestros héroes: nuestros viejos. Héroes que lucharon en guerras terribles para lograr la libertad, la igualdad y la justicia de la que disfrutamos todos hoy día. No podemos permitir que la humanidad llegue a su final, tenemos que unirnos, todos, en una sola voz que rechace el adentramiento mecánico a una perversa sociedad y a un futuro desgraciado.